ON
EDUCATION

U0132118

| 外国名家谈教育 |

法国教育家
蒙田谈教育

〔法〕米歇尔·德·蒙田 —— 著

于彩虹 —— 译

教育根本是
唤醒人性

辽宁人民出版社

图书在版编目（CIP）数据

教育根本是唤醒人性：法国教育家蒙田谈教育 /
（法）米歇尔·德·蒙田著；于彩虹译.—沈阳：辽宁
人民出版社，2023.5
（外国名家谈教育）
ISBN 978-7-205-10721-5

Ⅰ.①教… Ⅱ.①米… ②于… Ⅲ.①蒙台涅
（Montaigne, Michel Eyquem Seigneur de 1533–1592）—教
育思想 Ⅳ.①G40–095.65

中国国家版本馆 CIP 数据核字（2023）第 024776 号

策划人：孔宁

出版发行：辽宁人民出版社
　　　　　地址：沈阳市和平区十一纬路 25 号　邮编：110003
　　　　　电话：024-23284321（邮　购）　024-23284324（发行部）
　　　　　传真：024-23284191（发行部）　024-23284304（办公室）
　　　　　http://www.lnpph.com.cn
印　　刷：辽宁新华印务有限公司
幅面尺寸：145mm×210mm
印　　张：6.25
插　　页：8
字　　数：160千字
出版时间：2023 年 5 月第 1 版
印刷时间：2023 年 5 月第 1 次印刷
责任编辑：阎伟萍　孙　雯
装帧设计：留白文化
责任校对：刘再升
书　　号：ISBN 978-7-205-10721-5
定　　价：48.00元

导　言

　　米歇尔·德·蒙田
（1533—1592），文艺复兴时
期法国思想家、作家，以
《蒙田随笔》三卷享誉世
界。《蒙田随笔》与《培根
论人生》《帕斯卡尔思想录》
并称为欧洲近代哲理散文
三大经典，对弗兰西斯·培

◎蒙田肖像

根、莎士比亚等影响颇大。其本人被视为随笔写作的巨匠。

　　蒙田的母亲是西班牙人的后裔，父亲则是法国波尔多附
近的一个小贵族。蒙田在 37 岁那年继承了其父在乡下的领
地，一头扎进藏书室，过起了隐居生活。他逃避社会现实，
向往自由恬适的生活，除了埋头做学问，还积极从事写作，
自 1572 年开始一直到 1592 年逝世，在长达 20 年的岁月中，
他用真诚的心、坚韧的毅力陆续写出了百万字的《蒙田随
笔》，为后代留下了极其宝贵的精神财富。

　　《蒙田随笔》内容包罗万象，熔知识和经验于一炉，是 16

　　世纪各种知识的总汇，有"生活的哲学"之称。蒙田以睿智的眼光、灵敏的判断力，在书中品评大千世界、众生百态，探索人生，叩问心灵，肯定人的价值和欲望，不迷信权威经典，不完全赞美人而是深刻地剖析人。书中充满了人性自由、科学知识的人文思想，同时记录了自己的精神发展历程，甚至有时进行无情的自我剖析。

　　他表达了人文主义以"人"为本的思想："在一切形式中，最美的形式是人的形式"；人的价值应以"本身的品质为标准"。他充分表达了对现实生活的肯定："我热爱生活"，"我全身心地接受它并感谢大自然为我而造就的一切"。"我"即人性，蒙田将人性作为最崇高、最神圣的概念。

◎蒙田庄园，位于法国贝尔热拉克市附近

他喜欢给人造成这样一种印象：他不治学，只不过是"漫无计划、不讲方法"地偶尔翻翻书；他写的东西也不润色，平易通畅，不假雕饰，不过是把脑袋里一时触发的想法记下来而已，纯属"闲话家常，抒写情怀"。他的这种写作心态和"结构松散，无条理"的风格，被狄德罗认为"是自然的表现"。经过四百余年的时间考验，历史证明了蒙田与莎士比亚、苏格拉底、米开朗琪罗一样是一位不朽的人物，他开创了随笔式作品的先河，是"世上同类体裁中绝无仅有的"，也正符合四百年后当代读者的阅读习惯和审美。

教育问题在《蒙田随笔》中占有重要地位。蒙田的教育思想也从怀疑论的基础出发。他批判了学校教育对儿童身心的摧残；他反对书本教育，反对过度记忆，反对体罚方式和种种束缚；反对给儿童灌输现成概念，倡导品德教育、素质教育；主张因材施教，每个人的成长与发展都有自己的特点，应充分尊重孩子的个性，顺应孩子的发展和能力，给予最适合的教育，不应强迫和压制。提倡在历练中获得知识。

他认为学习不是为了谋利和顺应社会，而是为了丰富自己。学习的好处是让自己变得更加睿智和完善，增加自己的判断力和实践能力，而不是单纯地储存知识。一个人受的教育、进行的工作和学习都是为了形成自己的思想，而不是接受知识的灌输。必须养成自己独立欣赏、辨别和决断的能力。他抨击唯书和唯上的学究气，倡导精神的独立和自由。

本书节选了《蒙田随笔》中论述教育的主要篇章，内容丰富且具现实意义，其教育观集中于"论对儿童的教育——

致迪安娜·居松伯爵夫人""论学究气""论父子情——致德·埃斯蒂萨克夫人"这几章中。此外，我们也可从"论人和人的差异""论读书""论切身感受"这几章汲取一些零金碎玉的教育观。

目录
Contents

第一章

论内心漫无目的时，怎样转移热情

一位贵族朋友，患了很重的风湿病，每当大夫告诫他不要再吃咸肉的时候，他总是非常幽默地说，忍受病痛煎熬，越难受，他就越想找到出气筒，他吼着、咒骂着咸味香肠、牛舌和火腿，就感到片刻的轻松。可是，就像我们抬起胳膊想打人，一旦击不中目标而仅仅击中空气，显然会产生痛感，一样的道理，如果想欣赏让人心旷神怡的美景，就必须避免视线消散在苍茫的空间，而是要对准一个目标，将视线聚焦在适宜的距离上：

◎蒙田庄园内的蒙田塔

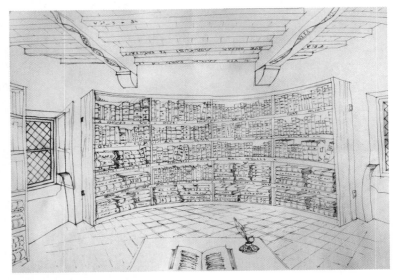

◎蒙田塔内的图书馆手绘图

　　　　就像风，如果不是吹过森林，在茫茫的空间里，我
们什么也看不见。

　　　　　　　　　　　　　　　　　　　　　——卢卡努

　　相同的道理，当内心冲动之时，倘若缺乏目标，好像也会
辨不清方向，所以，理应为精神世界寻找宣泄的对象。普鲁塔
克在研究那些将猴子和小狗当作宠物的人后，这样说：人类本
身的爱心，若是缺乏合理的目标，与其说面临徒劳无功，还不
如说会嬗变为虚伪和轻佻。我们认为，当内心冲动之时，与其
说会放弃做某一件事情，还不如说会自我欺骗，甚而背离自我
的信仰，为自己创造一个设想的标靶。

◎蒙田庄园内景

动物便是如此这般。每当它们发疯，就会报复使它们受伤的石头或者铁块，甚至会由于痛楚而自残：

> 帕诺尼的母熊被标枪命中。
> 但是变得加倍勇猛，
> 无视伤口，向标枪发动袭击，
> 翻滚着，对躲避的枪头紧追不舍。
>
> ——卢卡努

每当我们罹患不幸，怎样的理由不能编出来？每当我们需要宣泄时，又有什么事没有胆量做？当你亲近的战友不幸中弹而死，你大可不必揪你的金色头发，捶你的白净胸膛，应该做的是另外寻找出气筒。当李维谈论到罗马军队在西班牙痛失两名高级别将领时，说道："那个时候全体伙伴都痛得呼天抢地，捶头顿足。"向来如此。哲学家尼翁提起某个国王因哀恸而狠揪头发的时候，调侃地说："这位国王莫非认为秃顶就能减轻哀伤？"经常有人赌输以后要出口闷气，竟然把嚼碎的纸牌或者骰子咽进肚里。薛西斯一世 ① 用鞭子痛击赫勒斯旁海峡，为其戴上镣铐，命令手下大肆鞭挞，并且向阿托斯山 ② 发起挑战；居鲁士横渡日努斯河的时候曾心惊肉跳，于是下令整支部队向日努斯河泄愤多日；而卡利古拉 ③ 以母亲在一座房屋里经受痛苦为理由，便把这座漂亮房屋彻底销毁。

　　奥古斯都皇帝在海上经受暴风雨的侵袭后，开始挑战海神尼普顿，为了复仇，居然将海神像从诸神像中清理掉。还有更难以置信的：瓦鲁斯将军 ④ 在德国一败涂地后，奥古斯都满腔暴怒和绝望，头撞墙壁，高呼："瓦鲁斯，还我将士。"如此向命运女神求助，似乎上苍能决断人间的纷争。这种方式真的毫无道理，如同色雷斯人，每当雷电交加，便向空中射箭，用来

---

① 薛西斯一世（Xerxes I，约公元前 519—公元前 465），古波斯的国　王，曾率舰队远征希腊。

② 阿托斯山，曾经被视为希腊的圣山。

③ 卡利古拉（Caligula，12—41），罗马帝国第三任皇帝，好大喜功、　行事荒唐，是公认的典型暴君。

④ 瓦鲁斯将军（Publius Quinctilius Varus，公元前 46—公元 9），曾　为罗马执政官，奥古斯都统治下罗马帝国的政治家和将军。因条顿堡　森林战役惨败而自杀。

抗议。但是，就像普鲁塔克笔下一位古代诗人所言：

没必要对困境忧愁，

它们丝毫不理会我们的愤怒。

即便如此，对我们自己的举止失常，我们谴责得

远远不到位。

◎蒙田手记

第二章

论无所事事

　　大家都了解，有很多肥腴丰饶的土地因杂草丛生而荒芜，若要开荒垦地、充分利用，就必须播撒粮食的种子。人的思想亦复如是。倘若大脑得不到充分利用，有所约束，思绪就会在遐想的空间中飘飞，可能就会丧失方向。

　　　　当青铜盆里的水被风吹皱，
　　　　阳光或月光的影晕反射出来，
　　　　璀璨的光芒在空中盘旋，
　　　　直到被天花板拦住上升的通道。

　　　　　　　　　　　　　　　　——维吉尔

　　　　骚乱的内心出现的疯狂，或者梦幻，如同病者梦魇，幻影重重。

　　　　　　　　　　　　　　　　——贺拉斯

　　思想缺少明晰的目标容易迷失方向。恰如人言，无所不在就等于无处所依。

——塞涅克

近日我赋闲在家，下决心要尽情放松，不问世事，安享晚年，原以为让我的头脑彻底排空，随心所欲地运作和停息，就是对它最大限度的保护。我想象这样做，头脑会加倍灵活运转，与时推移，会越来越强大，越来越老练。但我察觉适得其反。

大脑穷极无聊，便会思想混乱。

——卢卡努

大脑就像脱缰之马，终日无所事事，要比思考一件事还要多想百倍之多；我脑海里想入非非，密密麻麻，杂芜凌乱。为了随时体察这种愚笨和怪异的行为，我开始用笔将之一一记下，指望日后会知耻而改过。

第三章
论说谎

与世人相比，我最不适合谈论记性。因为我身上没有展露出任何证明拥有良好记忆力的迹象，恐怕我的记性差在世界上都是独一无二的。我有各种各样的低劣而平庸的品格，但记性差却是超群绝伦，实属异类，值得天下闻名。

即便我的记性差是天生的——柏拉图由于需要，很有道理地称记忆为权势炙手可热的女神——但是，在我的家乡，一旦某某人不聪明，大家就会说他没记性，所以，每次我因为自己记性不好而自怨自艾，总会遭到大家的责备和怀疑，好像我在埋怨自己是个笨蛋。大家把智力和记忆力等量齐观，这让我的处境变得更加糟糕。大家责备我，也在伤害我，因为，截然相反的是，经验表明，记忆力好和判断力差是相得益彰的。除此以外，他们众口一词地指责我的缺陷，表明他们薄情寡义，而我一向与人为善，所以，他们这样做也是在伤害我。他们将我记性差归咎于感觉的缺失，把一个自来的缺陷当作意识问题。他们埋怨我将种种的请求或承诺抛诸脑后，遗忘了朋友，指责我一向忘掉了为了朋友哪些应该说，哪些应该做，抑或哪些应该隐瞒。我固然经常忘事，可是，我从来不曾遗漏朋友的托付。我不介意大家认为我能力不足，可是不能把我的这种毛病当作居心不良，我从来不会捉弄别人。

我的记性差让我感到欣慰。第一，我有了这个缺点，从而避免了另一个更加恶劣的缺点存在，那就是利欲熏心，因为若要在社交应酬中游刃有余，记性差是最无法忍受的致命缺点。虽然记忆力越来越差，但伴随而来的，我其他的感知功能得到了改善，这种现象，在大自然演化中随处可见；如果记忆力好，我的脑海里会充斥着别人的真知灼见，如此一来，我就同大家一样，思维和判断力容易被他人左右，这样就无法激发自身的潜力和才能；因为记性差，我说话更加言简意赅，大脑中记忆库的储备一般要多于想象库，如果我的记忆力出众，我就会滔滔不绝地和朋友们谈论，凭借这种天赋，让我的言辞犀利而又引人注目。那就太可悲了。我曾经在我的几个好朋友那里得到了证明：他们回忆起了事情越来越多的细枝末节，他们的陈述就越来越啰里啰唆，即使故事原本引人入胜，也会因冗长而变得不出色；如若故事本身就不精彩，你就会更加怀疑他们的记性差了或是他们的见地不高。讲话一旦开始，要想结束或从中间打断是很困难的，就像野马很难猛地停下。即便我认识很多说话不爱拖泥带水的人，一旦起了话头，想很快结束谈话也很困难。他们一直在找恰当的结束时机，却又一直找不到，给人的感觉就像疲惫不堪的人拖着沉重的脚步。尤其老年人更甚，他们对很久以前的事记忆犹新，但总会忘记同一件事已经重复上百遍了。我曾有这样的感受，故事明明很有趣，但被一个绅士说出来，变得味同嚼蜡，只是因为听众都已经听过上百次而变得厌烦。我因记性差而欣慰的第二个理由，古人说得好，我很少对曾经的耻辱耿耿于怀，否则，我身边就得时刻站着一个专职提词的人。想起波斯国王大流士，为了铭记雅典人给他的耻辱，每当进餐时，就有一个侍从在他耳边提醒三次"主人，莫忘雅典人"；当我重读旧书，重游故地，我总会像初见那般新奇。

有这样的说法，对自我的记忆力不自信的人，不要企图撒谎，我觉得很有道理。我了解，语言学家对说假话和撒谎是明确区分的。他们认为，说假话是指客观上说出事实虽不正确的，但自我却也深信不疑的事；而撒谎一词来自拉丁语（我们的法语也源于拉丁语），这个词的本身有主观上违背良心的含义，所以只涉及某些言不由衷的人，这种人就是我的谈论对象。但是，这些人要么凭空捏造主要的或全部情节，要么掩饰或歪曲真相。一旦在同一件事上多次遮掩和歪曲，就很容易露出破绽，因为真相通过耳闻目睹已在头脑里先入为主、牢不可破，它会时常浮现在脑海中，抵触没有根基的虚构，而那些最初得到的情节，每次都会潜移默化影响我们的思考，使我们遗忘那些曾经扭曲过的细节。至于那些纯属虚构的东西，因为没有相悖的印象来揭破，他们就对自己的胡编乱造自鸣得意了。事实远非如此，由于内容空泛寡淡，不合实际，连自己也很容易忘掉。我见过不少这样的人。还有更可笑的，这些人擅长见风使舵，在上司跟前极其讨喜。他们丝毫不顾及信誉和良知，面对不同的环境，他们的说法也得时刻变化，面对同一件事，他们信口雌黄，时而灰色，时而黄色；当着这个人这样说，当着另一个人又那样说。倘若他们偶尔想要炫耀战利品，把数次互相抵触的话摆在一起，对这种信口开河的本事又会怎么想呢？上的山多终遇虎，他们不只是会常常难堪，同时得具备多么好的记性呀，毕竟要记住对同一件事捏造的多种说法！

实事求是地讲，撒谎应该因为是一种恶习而受到诅咒。语言是我们维持人际关系的纽带。相比其他罪恶，假如我们对撒谎的危害和丑陋认识充分的话，对它就会更严厉。我发现，孩子们的小小过失常常会受到大人们的严厉惩罚或折磨，哪怕是无辜而天真的失误，哪怕是微不足道的冒失，哪怕没有造成任何影响和后果。我认为，仅有撒谎和略微次要的固执，才是我们时时刻刻需要提防潜滋暗长的关键缺点。这两种缺点会与孩子们的成长相伴相生。最为重要的是，一旦开始撒谎，再想摆脱就无能为力了。所以，我们经常发现，一些原本诚实的人，一旦撒了谎，便会泥足深陷，挣脱无门了。例如我的一位称职的裁缝朋友，从来不曾说实话，哪怕说实话对他有利。

假使谎话像真理那样，仅有一副面孔，还好相处一些，毕竟那样我们可以不假思索地反面理解谎言。但是，谎话的面孔千变万化，想要确定它的范围真是无计可施。

按照毕达哥拉斯派 ① 的善恶观，善是有限的，恶是无限

---

① 毕达哥拉斯派（Pythagoreanism），古希腊哲学家毕达哥拉斯创立的学派，亦称南意大利学派，是一个集政治、学术、宗教三位于一体的组织。

的，善是可界定的，恶是不可界定的。千百条路都到达不了目的地，到达目的地的路仅有一条。当然，如果撒一个无耻的假正经的谎言，能够躲避一个明显后果严重的危机，我也很难保证自己能绝不撒谎。

　　一位先贤曾言道，宁肯与老狗相伴，也不要跟话不投机的人同行。所以，"对待陌生人时，就像他不是人"。在人际交往中，谎话连篇比三缄其口更令人反感。

第四章
论语速

不是每个人都是全能的。拿口才来说。有的人能言巧辩，语速快，能够随机应变，八面玲珑；而有的人则从容不迫，除非思考再三，否则绝不开口。就像有人建议女子应该根据每个人与众不同的优点进行适合自己的健美训练，对于口才，也要因材施教：由于现在最离不开口才的职业是教师和律师，我提议，语速慢的人最好去教书，而语速快的人最好去做律师。因为教师有充足的时间进行准备，上课循序渐进，不会停顿；而律师的职业素养要求随时辩驳，对方的反诘不能事先预料，会打乱你既定的思路，所以一定要情急生智。

我觉得，做事果断、机灵是因为性格，而从容、缓慢是因为理性。一些人若是事先没有准备，就会瞠目结舌，还有一些人事先没准备竟然比事先有准备讲得更精彩，这两种情况都让人难以理解。有这样的说法，塞维吕斯·卡西尤斯脱口而出的讲话更能引人入胜，他其实一点儿也不努力，但善于急中生智。他讲话一旦被扰乱，反而更能游刃有余。他的对手若是胆敢刺激他，被激怒的他更是辩才无敌。出于经验，我觉得这种天赋和事先深思熟虑是相悖的，假如不能尽其长，也就毫无意义。固然，有些事情难度很大，需要夜以继日，费尽心机。可是，除了这些，越是想尽善尽美，越是刻苦钻研，随机应变的天赋就越难得到施展，很难挥洒自如，就如同波涛澎湃的海水难以经过逼仄的管道一样。

上述的这种临场表现天赋还有这样的特点：它不能被激烈感情突然地震撼和打击，比方说不能受到卡西尤斯被激怒一样的境遇，由于感情过于激烈会让人张口结舌，哑口无言；它需要的不是震惊，而是激发，它需要意料之外、生疏场景的激发和振作。缺少了外界的影响，它只会懒散拖拉，垂头丧气。刺激给了它活力及力量。

我本人做不到得心应手地驾驭和控制自我。意料之外的状况更能激发我的潜力。场面、朋友或者我自己发出的噪声，能给我更大的刺激，相较潜心钻研更能开发我的思维。

所以，如果非要分出高低，我觉得说话的价值比写文章更大。

我经常有这样的时候，越是探寻内心，就越无所得，信手拈来竟比斟酌再三效果更好。我写作时，可能不会费心推敲（我的意思是，在别人眼中，我太粗糙，而我觉得却已经再三斟酌了。算了，不必文质彬彬，每个人看法不同）。这种精益求精的精神，我已完全丧失，导致我很难回想起自己当时想表达的意思。有时，外人比我更先觉察出我文章中的精彩片段。一旦我全部剔除随性写出的文字，那我自己也就毫无价值了。随性写出的文字，更加绚烂夺目，其光彩堪比正午的阳光，我不知道自己为什么还要迟疑。

第五章
论坚韧

勇猛和坚韧与我们尽己所能地躲避危险并不矛盾，也并不意味着无视障碍和意外，完全不顾虑它们的突然临头。恰恰相反，所有未雨绸缪的真实做法不但是正当的，而且值得赞赏。所说的坚韧，更多的是指对无能为力的意外能够坦然承受。所以，倘若能够充分利用身体的敏捷或握着的兵器，成功躲避攻我不备的偷袭，都是真正的好办法。

在古代，很多善战的民族视逃跑为重要的策略，这种将后背交给对手的方式实则比直面对手更惊险。

土耳其人尤其擅长这种做法。

柏拉图曾记录一件事，苏格拉底讽刺拉凯斯①，后者将勇敢定义为：与敌交战中顽强地守住阵地。苏格拉底说："什么？先将阵地让给敌人再伺机反攻的谋略能说成胆怯吗？"他还举了例证，荷马曾经赞成埃涅阿斯②的走为上计。从那以后，拉

————————

① 拉凯斯（Laches，公元前 475—公元前 418），伯罗奔尼撒战争中的将军，苏格拉底的密友。

② 埃涅阿斯（Aeneas），特洛伊王子，城破时背着父亲逃出去。

凯斯改正了观念，认可斯基泰人和骑兵也精通逃跑的谋略，此时，苏格拉底又摆出了斯巴达步兵的例子：斯巴达民族是最骁勇善战的，因为无法突破波斯军队的方阵，斯巴达军队佯装败北逃散，造出败退的假象，迷惑波斯人追赶，这样能很好地冲击方阵。斯巴达人用此方法获得了最终的大捷。

还有斯基泰人，有这样的记载，当大流士皇帝领雄兵征讨他们之时，愤怒诘问他们的国王为何一味地不战自退，躲避交锋。对于非难，斯基泰国王安达蒂斯回答说，他撤退既不是畏惧大流士，也不是害怕别的什么人，而是他的民族行走的正常手段；由于他们既没有耕地，也没有固定的城堡和家乡，从而有效避免敌人的攻击；可是，倘若认为他十分得意这种做法，原因是他想距离祖先的墓地更近些，在那里大流士能找到面对面说法的对手。

但是，展开炮战之时，就像打仗时经常遇到的情况，若是已经被炮对准，是不能慌忙躲避的，毕竟炮弹的威力太大，速度太快，使人想躲也躲不开。但不免有人企图用抬手或猫腰的方式来躲开炮弹的袭击，仅仅能惹来旁边战友的耻笑。

查理五世攻占普罗旺斯时，居阿斯特侯爵利用一架风车的掩护去刺探阿尔城。当他离开掩体时，被巡查的两位大人看个正着。他们指着侯爵，示意给炮兵指挥，后者用轻型长炮对准了侯爵，与此同时侯爵扑倒躲避，但最终还是中了弹。数年前，洛朗一世兵围蒙多尔夫，也就是维卡利亚附近。他蓦然察觉自己成了一门已点着引信的大炮的目标，要不是他马上匍匐在地，他的肚子就可能中弹，可最后炮弹仅仅擦着他的头皮呼啸而过。说实在的，我觉得他们的行为是下意识的，根本没有思考的时间，电光石火之间，你如何准确断定炮弹是向上还是向下呢？人们可以这样认为，躲避成功纯属偶然，侥幸很难在下次成功复制，同样的举动，结果可能就是正中靶心，粉身碎骨。

假使枪声出乎意料地响起，我很可能也会战栗。这种境遇，即使比我勇敢很多的人也会同样恐惧。

按照斯多葛派的观点，哲学家的心灵很难抵抗出乎意料的幻觉和遐想，可是，他们一律认为，猛地听到惊雷炸响，或是大祸临头，智者同样会面如土色，体似筛糠，这是人类的本能。对于其他的苦难，如果哲学家冷静明智，未丧失判断力，他们就能从容不迫。但对于一个寻常人，前一种反应是和智者一样的，而第二种就大相径庭了。因为痛苦的感觉对于寻常人来说，不是外表的，而会沉浸并侵蚀、损伤他的理智，这种人仅仅依据痛苦的直觉进行判定，并与之告饶。最好仔细体会这位斯多葛哲学家的心境：

> 他的心坚忍不拔，他的泪流得再多也无所谓。
>
> ——维吉尔

逍遥学派哲学家并不摒弃烦恼，但他们擅长压制。

第六章
我们的主观意识决定了
对好坏的判断标准

　　古希腊有句名言，世人备受困扰的，经常不是事物本身，而是对事物的看法。如果大家都能将这句话奉为圭臬，我敢说，人类的幸福感将大大增加。因为，假如仅凭我们的主观判断，坏事才会发生在我们身边，如此一来，我们不妨置之不理，抑或变坏事为好事。如果我们可以驾驭事物，何妨我们充分利用，或者使之符合我们的所求所欲？假如困扰我们的忧思苦闷并不出于事物本原，而仅仅来自我们强加给它的想象出来的性质，那么我们自己很容易改变这种性质。假如选择权归我们掌握，不受任何强迫，那么，何必要执拗地庸人自扰，让饥寒贫病和轻蔑染上一层苦哈哈且丑乎乎的味道？我们完全可以将它们换成情趣盎然的模样；若说机会仅仅呈现出内容，那么形式可任由我们创造。既然我们认定，人云亦云的坏事并不源自事物本身，至少，无论怎样，我们应该改变它们的味道，或者面孔（两者是一码事），我们需要分析这种理论是不是说得通。

　　假如困扰我们的事物可以随意占据我们的身心，那么它们也同样会困扰别人。毕竟所有的人均属同类，拥有着相同的意识和判断标准，但我们仍然对同一事物的判断大相径庭，甚至呈现的状态具有泾渭分明的差异。

　　死亡、贫困、痛苦是绝大多数人认为的生活强敌。

　　但是，死亡在某些人心中是最可怕的，却不知对另一些人而言，它却是结束生命痛苦的唯一出路、自然而出色的至尊、自由生命独一无二的凭恃、包治百病的灵丹妙药。虽然一部分人对死亡讳莫如深，但同时另一些人对死甚至比对生更怡然自得。

　　　　有人埋怨死亡轻易降临：

　　　　死神啊！若是您能放过怕你的人，

　　　　而只带走视死如归的人，那有多好！

　　　　　　　　　　　　　　　　　——卢卡努

　　暂时不提这些可供夸耀的勇气。面对利西马科斯[①]的死亡威胁，狄奥多罗斯[②]坦然答曰：“哪怕你的力量就像斑蝥，也能轻易杀死我。”多数哲学家对死亡要么谨慎地防备，要么盼望死亡尽快到来。

　　大家都了解，很多著名人士，面对死亡（绝非正常的死，

————————

① 利西马科斯（Lysimachus，约公元前361—公元前281），马其顿国王、亚历山大大帝继任者之一。

② 狄奥多罗斯（DiodorusSiculus），著名的古希腊哲学家。

而是包含着羞耻和怨怼），一些由于坚忍，一些由于真诚，表现出镇定乐观，面不改色，安之若素。临死之时，他们像往常一样，安排事务，求告亲友，吟诗唱歌，说道教书，同民众友善相处，有的还谈笑自如，举杯恭祝朋友健康，例如苏格拉底。其中一位人士，被押往刑场还要求避开某某街，因为他还欠那条街一个商人的账，可能被债主薅头暴打。另外一位，要求刽子手不要碰到他的喉头，否则他会因怕痒而笑得浑身乱颤。还有一位，问刽子手要水喝，刽子手将喝了一口的剩水递给他，他不肯，怕刽子手将梅毒传染给他。还有众所周知的那位庞卡底人，都已经上了绞刑架，有人带上一个少女，声明假如他娶这位少女为妻，便可当即赦免（这符合当时的法律）。他仔细瞧了瞧那位少女，发现她腿有残疾，于是说："赶快行刑吧，她是个瘸子。"我听说类似的事出现在丹麦：一个人被推上断头台，面临同样的抉择，也拒绝求生，因为面前的少女，脸庞有些下垂，鼻子有些尖细。还有可歌可泣的阿拉斯城的故事：被路易十一占领后，很多人宁肯吊死，也不肯违心说出"国王万岁！"。

哪怕一些微不足道的小人物，死亡之时也能开玩笑。有一个人，面对刽子手的推搡，高声欢呼："开船吧！"这是他的口头禅。还有一个人仅吊着一口气，被搁置在壁炉旁边的草垫子上，当医生问他哪里难受，他说："在凳子和火中间。"

在和米兰的终极一战中，兵灾祸结，难以谋生，民众生不如死，决心一死百了。我父亲告诉我，那时候纷传二十五名绅士一周之内自我了结。这一事件类似于克桑西城的故事，当布鲁图兵临城下，城中不论男女老幼，纷纷以身殉国，没有任何逃生的打算，布鲁图仅仅救下极少一部分。

所有信念都很顽强，为了让别人接受会不顾一切。希腊人每逢出征必须宣誓，同样的誓言坚持到了米堤亚战争。誓言激动人心，开篇第一条就是，与其臣服于波斯人的法律，宁可战死。由此可知，在与土耳其的征战中，多少希腊人宁愿慷慨赴死，也不愿臣服。

卡斯蒂利亚王国①的君主们曾把犹太人赶出本国，葡萄牙国王让②同意犹太人避难葡萄牙，但每人要上交几埃居，同时要求他们限期全部离境，还答应为他们迁往非洲提供航船，到达限定日期，不臣服的犹太人便将成为奴隶。离境当天，所提供的船只很少，登船的犹太人受到船员的百般苛待，不仅各种侮辱，船员们还故意耽误航行，时而前进，时而后退，犹太人吃完携带的食物，被迫向船员购买饮食，价钱高得离谱，耽误的时间又那么长，他们终于靠岸，除了贴身单衣已身无别物了。当尚未登船的犹太人听到这些消息，大部分都选择了成为奴隶。埃马纽埃尔③继位后，先恢复了犹太人的自由身份，而后食言，驱逐犹太人限期离开葡萄牙，同时指定了三个通行港口。他以为，这些犹太人想到上次同胞在船上的非人待遇，一定不会抛弃优裕的葡萄牙，而远奔荒凉的他乡。但是，当他看

① 卡斯蒂利亚王国，西班牙历史上的一个王国，位于伊比利亚半岛西部。

② 葡萄牙国王让，葡萄牙国王让二世。

③ 埃马纽埃尔，让二世的继承人。

到事与愿违，犹太人坚决地选择了逃难，便心生一计，关闭三个港口中的两个，为的是漫漫长路会消磨犹太人的意志，最好放弃逃离，同时，可以把犹太人聚集在一起，以便更轻易地屠杀。他早有此意了。所以，国王下令所有十四岁以下的犹太儿童单独关押，远离父母，便于重新教育。据说这一做法后果惨痛，他们誓死抗争，随处可见父母自戕，还有更惨的，有些父母爱子情深，宁肯将孩子投井，也不愿孩子面对即将到来的蹂躏。限期一到，由于无法逃避，犹太人又重新成为奴隶。如今一百年已过，犹太种族的葡萄牙人数仍很稀少，虽然相比各种暴政，久以为常的习惯与慢慢消磨的时间更为可怕。拉丁语有言："历史多次证明，视死如归的不仅仅有将领，甚至可以是整体军队。"

现在很多人，甚至包括未成年人，仅仅受到丁点儿挫折便轻易自杀了。关于这件事，一位先贤曾说，居然连胆小者的避难所也恐惧，那么究竟还有什么不怕的吗？在太平年月，不分性别，无论地位，有坦然接受死亡的人，也有甘愿求死的人。后者中，有的是因生活艰难而厌世，有的是因日子过于优渥，还有的寄希望到极乐世界安富尊荣，这些人如恒河沙数，难以枚举。我想，把怕死偷生的人开列清单，可能更简单。

下面仅说一件事。有一次，哲学家皮浪[①]和同伴们乘船出海，遇到大风暴，同伴们手足无措，他却若无其事，指着一头也在船上却安心吃食的小猪，鼓励同伴们不要害怕。有理性使我们发自肺腑地高兴，幸亏理性，我们才有自信主宰万物，那

——————————

① 皮浪（Pyrrho，约公元前360—约公元前270），古希腊哲学家，怀疑主义创始人。

么我们能否认为，我们随身的理性是因为烦恼而存在？既然了解事实让我们忐忑不宁，让我们的心境甚至不如那头小猪，而蒙蔽塞听，我们反而身心泰然，如此一来，探寻真相又有何用处？人拥有了智慧，是为了自身利益最大化，难道我们要把智慧用来玩火自焚，抗衡事物的天理吗？而事物规律的作用，难道不是每人为自身利益而尽己所能吗？

也许有些人会说，好吧，你那个规律对死亡适用，可贫困又作何解释呢？更别说痛苦了！痛苦被亚里斯提卜、希罗尼姆等大多数哲学家视作最大的不幸，还有一些人表面上反对，心中却也赞同。哲学家波塞多尼奥斯身染重病，痛苦难忍，弟子庞培此时前来受教，并且为选择的日子如此不恰当而致歉。波塞多尼奥斯回答："但愿我的痛苦没有达到妨碍我讲哲学的程度！"于是他忍痛开讲，极大程度表达了对痛苦的轻蔑之情。但是，痛苦仍对他毫不手软，煎熬着他。他喊道："痛苦啊，如若我不视你为不幸，你这样折磨我不是枉然吗？"这件事被当作美谈广为传播，但是，这对减轻痛苦又意义何在？他做的仅仅是文字之争，如果他能忍受得了痛苦，谈话又怎会中断？何必压抑情感，不称它为不幸呢？

这里所说的痛苦不仅仅是捏造的。我们能够做到凭空设想某些事，但痛苦却是实实在在的，我们的器官会替我们做出判断。

一旦感官出现异常，所有理性随之瓦解。

——卢克莱修

难道我们能够错把鞭笞当作挠痒吗？难道我们的味觉会混淆笋荟与葡萄酒的味道吗？这里借用皮浪的小猪作为例子，它的确不怕死亡，可一旦挨打，它也会哀嚎，也会疼痛难忍。普天之下，所有生物都畏惧痛苦，莫非我们能够超越这个适用于万物的天性？哪怕树木受伤，好像也会呻吟。通过推理，我们才能感知死亡，那是刹那间的运动：

死亡属于曾经或未来，不属于当前。

——拉博埃西

等待死亡降临的过程，要比死亡本身更难挨。

——奥维德

很多动物和人很难说是生命遭到威胁，实话实说，面对死亡，我们所恐惧的，更多的是死前需要忍受的痛苦。

但是，一位先贤曾说："痛苦只存在于人死亡之后。"而我的看法应该更贴近事实，我认为，死亡之前或死亡之后均与死亡本身没有关系。我们常常自以为是地自我狡辩。经验给我这样的启发，痛苦之所以难以忍受，主要是难以忍受对死亡的胡思乱想，一联想到痛苦会造成死亡，便更是惊慌失措。但理性又来指摘我们的软弱，哪能为这种意外的、避无可避的、没有感情的事提心吊胆呢，此时，我们都会认为这一理由更坚不可摧。

一切仅仅会带来痛苦而不会带来危险的病痛，我们称作无危险病痛。例如牙痛、痛风，虽然痛苦万分，但因为不会致命，又有谁认为它们算得上疾病？但是，不难设想，我们对死亡的恐惧，不如说是对痛苦的恐惧。就像贫困本身不会让我们畏惧，不过是随之而来的饥寒交迫、颠沛流离、彻夜无眠等痛苦难捱而已。

所以，让我们直面痛苦吧！我把痛苦作为生命最大的不幸，这是很正常的。我对痛苦没有半点好感。我尽可能地逃避痛苦，至今没有太多的痛苦感触，这点让我谢天谢地。不过，我们虽然不能彻底消灭痛苦，但至少可以咬牙忍耐，求得片刻轻松，即便身体难以忍受，我们心理和理性上要做到坚韧不拔。

假如不这样，我们谁会对坚强、勇猛、能量、宽广坚信不疑呢？假如不与痛苦对抗，这些品德是否百无一用呢？"勇敢对危险极度渴望。"如果无须风餐露宿、骄阳炙烤、甲胄加身、杀马为食，无须忍受刮骨取子弹、缝合伤口、烧灼皮肉、用管导尿的痛苦，那么我们如何出类拔萃，卓尔不群？哲学家说，崇高的品行，越是艰难越上前。这与躲避厄运与痛苦不可同日而语。"确实，吃喝玩乐近乎轻狂，身在其中，未必幸福。在忧愁困苦中安贫乐道，反而经常享受幸福的感觉。"所以，我们的祖先会觉得，靠着真刀真枪、攻城拔地远比运筹帷幄、不战而屈人之兵更痛快：

勇敢的付出多、代价高，但收获更多。

——卢卡努

值得我们庆幸的是，痛苦越强烈，维持的时间就越短暂，而经历的时间越长，痛苦就越轻微。极致的痛苦，持续不了太久，若不消失，就会夺命，二者是一码事。一旦你忍受不住，痛苦就会打败你。"你须谨记，最大的痛苦到头是死亡，最小的痛苦时有时无，我们能操控的，是非轻非重的痛苦。痛苦，能忍则忍，难忍则逃，了结令人生厌的生命，如同演员退场。"

不能心甘情愿地忍耐痛苦，是由于我们不习惯从内心寻得慰藉，没有足够重视心灵的作用，心灵才是我们身心状况和言谈举止独一无二的操控者。身体展现的仅是一种状态，而心灵却绚丽多姿，它的状态牢牢支配着身体的所感所得。但是，要很好地探究和钻研心灵，唤醒它的巨大潜能。任何理性制度和外部力量都无法左右它的目标。在它千变万化的姿态中，应给予它一种对我们恬静生命有益处的状态，那样的话，我们就能抵抗任何打击，只要它觉得正确，甚至还可以变苦为乐。

所有的一切均被心灵一视同仁地利用。谬误和虚幻就像真实的物质一样，可以拿来为我所用，让我们安全，使我们满足。

我们可以得出结论，激发痛苦或快乐的是思想。动物不同，它们是压抑思想，但它们身体的感受是自由的、随性的，所以，每一类动物均有一致的感受，就像我们能够察觉它们类似的动作。假如我们任凭肢体肆意活动，不难断言，我们的境遇会更好，肢体对于疼痛或高兴的感受就会很自然、很恰当。如果我们平和随性，感觉就不会太难操控。但是，既然我们已经不再受这些规则的制约，可以任意地想入非非，那么我们可以想方设法，只想高兴的事。

柏拉图提醒我们注意，不要在苦痛和快乐中沉沦，如此会导致心灵过分依赖身体。而我的看法，这反而会使心灵摆脱身体。

敌人发现我们逃跑就会更加威风凛凛，一样的道理，痛苦发现我们战栗就会更加咄咄逼人。谁坚忍顽抗，痛苦就向谁屈膝投降。所以，应该斗争到底。畏畏缩缩，会招来致命的危害。身体越壮就越强大，灵魂亦是。

接下来我将举例说明，像我这样身体瘦弱的人，我们给予痛苦怎样的位置，就会造成怎样的程度，就像宝石接触到的叶子不同，所呈现的颜色明亮程度就不同。圣奥古斯丁说过：他们之所以痛苦，是因为向痛苦求饶。在混战中剑伤累累，却比不上外科医生的小手术刀带来的痛苦。生孩子时的疼痛，大夫说是顶级的，我们也这样认为，但有些种族却不以为意。不提斯巴达国的女人，就说跟随我们的军队一起出征的瑞士妇女，你能发觉吗？她们昨天才生完孩子，今天就能跑步随夫打仗了。还有零星散居在我们身旁的埃及妇女。孩子只要临盆，就要抱上孩子到附近的河里沐浴。很多少女避免引人注目，选择在孕期和产褥期躲藏起来。古罗马贵族萨比努斯之妻就是这样，为了避开丈夫，分娩时身旁无人，竟然一声不吭生了一对双胞胎。斯巴达人以偷为耻，一个普通男童偷来一只狐狸并藏在披风下面，宁可忍受狐狸撕咬肚皮之痛也不愿别人察觉。很多斯巴达人，为了验证勇敢与否，七岁时要忍受鞭笞，哪怕被打死，也要做到面不改色。西塞罗曾说，他目睹斯巴达人的互殴，拳脚齐下，甚至牙咬，直至昏死过去才算分出输赢。人的本性不可能被习俗打败，因为本性是无法战胜的，它只会败于我们自己，安娱、放任、寻欢作乐、吃喝玩闹荼毒我们的心灵，偏见和陋习销蚀我们的意志。

通常男子都盼着人丁兴旺，多子多福，我和少数几人却不这么看，我们认定无子才是幸福。

倘若有人质疑泰勒斯[①]不婚的原因，他的回答是不想繁衍子嗣。

我们的主观意识会帮事物明码标价。这种价码随处体现，要评价一件事物，要考虑的，不仅仅是事物本身，还有我们自己；对事物的品质和作用可以毫不在意，需要关心的，仅仅是获得它们我们需要付出的代价，就像代价属于事物实质的一部分；不能将事物本身具有的，而是要将我们强加于事物的定义为价值。关于这一点，我感觉我们理财能力都很突出。花费越多，东西的价值就越大。我们都认为钱是决不会白花的，买卖贸易决定了钻石的价值，艰难险阻决定了勇敢的价值，悲苦伤痛决定了虔诚的价值，疑难杂症决定了良药的价值。

有些富有的人为了变穷，直接将所有财富抛进大海，更多的穷人想发财，在同一海域探险寻宝。伊壁鸠斯曾断言，财

---

① 泰勒斯（Thalesof Miletus，公元前 624—公元前 546），古希腊古风时期的哲学家、几何学家、天文学家，同时是希腊最早的前苏格拉底哲学学派之一米利都学派（亦称爱奥尼亚学派）的创始人，希腊七贤之一，西方思想史上第一个有记载留下名字的思想家，被后人称为"科学和哲学之祖"。

富并不一定带来轻松，它需要绞尽脑汁，不断变更赚钱的途径。确实，贫穷不会带来吝啬，而富裕反而带来吝啬。关于这一点，我想说一说切身感受。

度过了快乐的童年时光以后，我历经了三种人生状态。第一阶段消耗了我十年的时光，当时主要的生活来源就是依靠亲友的帮扶救济，但极不稳定，也无规律。那段时间，我花的每笔钱全部来源于偶然间的得到，竟然也没有负担，没有烦恼。那是我最好的一段时光。朋友们总是对我慷慨解囊；我会确定还钱的具体日子，同时规划必做的营生以便于到期还钱。朋友们目睹我为还钱所付出的辛苦，就会数次给我延期。所以，朋友们都认为，我节俭勤劳，忠诚可靠，不会撒谎。我真的从还钱中感到了快乐，就像释怀了一个沉重的负担和被压迫的象征；我也由衷认为，正确的行径和让他人高兴让我得到了满足。当然要排除那些为了不还债而斤斤计较和撒谎的行为，因为，若非找到愿意为我讨价还价的朋友，我宁愿心怀愧疚地躲债延期，也做不出急赤白脸、斤斤计较的事，我的个性及说话方式不允许。我最厌恶的行径就是讨价还价了。这简直是巧立名目和死皮赖脸：双方历经一个钟头的唇枪舌剑、斤斤计较，其中一方仅仅由于五分钱的蝇头小利而违背契约。尽管如此，我属于借债之人，地位不利，又磨不开脸面当面求告，总用写信的方式，信写得并不郑重其事，很容易被一口回绝。生活所迫，我只能凭着预感和直觉去借钱，一旦挣脱生活的逼迫，抖擞精神，会感觉加倍兴奋，加倍放松。

绝大多数理财者认为，这种不安定、不靠谱的生活很可怕。首先，他们没了解到，大多数人的生活原本如此。思考从前和当下，无数忠厚的人对掌握在手中的东西弃之不顾，而转身求告国王或机遇，追求万中无一的恩惠！凯撒成为大帝的过程，不惜败尽家业，哪怕负债黄金百万。无数商人典地卖房，奔向印度去谋暴利：

> 历经多少惊天巨浪。
>
> ——卡图鲁斯

　　其次，他们没有意识到，他们认为根本的、确实的东西，也同样具有风险和不稳定。哪怕我年收入二千埃居，仍然明白距离贫困很近，就像它是我的冤家对头。因为在富贵豪奢和一贫如洗之间往往缺少中间过渡，命运可以随意摆布我们的钱财，为了让我们贫困，财富在命运眼中破绽百出：

> 财富的质地像玻璃，它光华灿烂，但易碎易逝。
>
> ——普布利流斯·西鲁斯

　　命运会轻易推倒我们全部的防护和筑起的高堤，所以，究于种种理由，贫穷不仅仅属于穷人，同样也会光临富贵人家。也许，贫穷孤零零存在，比起和富贵同时存在，稍微更让人安心。财富不仅仅取决于收入，更靠严谨细致的管理："每人的金钱，都靠自己去创造。"照我看来，一个为吃穿犯愁、劳苦奔波的富人要比纯粹的穷人更可怜。"生活富足、堆金如山的穷人最不快乐。"

兵强马壮、富甲天下的君主往往也会迫切地需求，莫非残暴不仁和无耻地鲸吞平民财产不是普天之下最极端的事情吗？

我经历的人生第二阶段是富有。我对钱毫不松手，我的储蓄很快变得充裕。我觉得，抛开正常收入，没有积蓄称不上宽裕，收入不到手，哪怕金额巨大也不能高枕无忧。万一会出现意外呢？因为这种怪诞空想的念头，我自以为很精明，开始存钱，以备不时之需。有人告诉我，意外是难以预防的，我还理直气壮地说，纵然不能防备所有的意外，但用储蓄至少可以对付其中的一个或好多个。攒钱也带来了烦闷。首先，我的嘴要严，我从不忌讳谈论自我，但说起钱来就谎话连篇。很多人都这样，富人装穷，穷人装富，从不屑良心的谴责，从不对自己的财产开诚布公。这样的战战兢兢，简直既好笑又无耻；离家游玩，总怕自己虑事不周。带的钱越多，焦虑也越重，既要焦虑路途不太平，又要提防劳役不老实，我像周围人一样，只有行李不离视线才踏实。把储蓄箱留在家中，会神经过敏，提心吊胆，更糟心的是，这些焦虑只能藏在肚子里。我的身体在旅游，心却被牢牢拴在家中的钱箱。一言以蔽之，守财比赚钱更不易。哪怕我由衷地不愿意，但也无法控制自己不这么行事。好处嘛，我什么都没有捞到，因为对我而言，想方设法地多花钱，也算得上是沉重的负担。就像彼翁①所言，头发浓密者或者秃子，都不乐意被人拔头发。一旦攒钱成了习惯，并把

———————

① 彼翁（BionofSmyrna，公元前120—公元前50），古希腊田园诗人。

所思所想全部集于金钱之上，金钱就不再任你支配，你没有勇气再去花一分钱，就像一所房子，稍微一碰，就会触发整体震荡。如果不是情势到了万难的地步，你就不会拿出它来。一无所有的日子，我典衣卖马，无忧无虑，洒脱畅快，自从有了钱，就把钱藏得密密实实的，轻易不去动它们。但是，问题在于攒钱的欲望很难适可而止（对于大家一致认定的好事，也是很难准确划定界限的）。我们的财富持续翻滚着壮大，就这样眼睁睁守着财富不敢享受，而是牢牢监视着它们，分毫不取。

这样使用金钱的话，那些看守城门的士兵可称巨富了。照我说，有钱人都是悭吝算计，一毛不拔的。

柏拉图认为，有形的财富可以细分为健康、漂亮、有力和金钱等诸多种类。不一味地积攒金钱，人就更理智，更清醒了。

这方面，小狄奥尼修斯处理得非常好。当得知一位锡拉库萨人偷偷埋藏了一批财宝，他便命令这位锡拉库萨人把财宝献给自己。这人献出了大部分，但私自留下了一些，携款迁徙别地。在新的城市，他完全摒弃了积蓄的嗜好，挥霍无度起来。小狄奥尼修斯了解到这些情况，便将这人献给自己的财宝又归还给他，同时告诉他，你已经学会了怎样花钱，于是我愿意归还财宝。

我也有这样的经历，好几年的时间，不明所以的我突然挣脱了守财奴的思维，就像前面所说的那个锡拉库萨人，要把我存的钱全部挥霍掉。这个想法之所以产生，是由于一次旅行，花销很大，让我体验了花钱的快乐。从那以后，我开始了第三阶段的人生状态（我想到哪里就去哪里），更欢乐，更节制；我尽量保持收支平衡，有的时间花销多，有的时间收入多，但两者尽量不要失衡。我精打细算，尽量满足日常和眼下的需要；至于非正常的开销，哪怕全天下所有的财富也是不够用的。

盼着命运供给我们充足的武器来反抗它，那是痴人说梦。我们需要自己武装起来反抗它。意外的不幸会出卖我们。我的积蓄只用在买东西上，不会用在买房置地上，在我看来就是浪费，我只为购买快乐。"不贪，就是财富，不买，就算收入。"我不害怕一贫如洗，也不再想方设法敛财："财富带来富足，富足带来满足。"我很庆幸，在容易吝啬的年纪幡然醒悟，解脱了老年人的惯有瑕疵，等于逃脱了人类最荒唐的陋习。

弗罗雷曾有两种不同的生活状态，他认为，金钱的增多并没有带来饮食、睡眠和贴近爱人的欲望的增多，除了这些，他深感理财是个令人生厌的任务，重重地压着自己，就像我的感受一样。他有一位忠诚可靠同时梦想一夜暴富的穷朋友，他决定把用之不尽的财产一股脑馈赠给这位朋友，但要求这位朋友像款待宾朋一样奉养他，管吃管住。从此两人都得到了幸福，对互换的身份非常知足。我也很渴望这样的好事。

我要狠狠夸耀一位老富翁激进的尝试。他把全部家当交给选定的奴仆全权负责。过了很多年，他如同一个局外之人，对家里的财产现状一无所知。相信别人品格崇高，就表明自己同样崇高，所以好人一定有好报。所以他家的财务是最井井有条的。一个人能这样的知人善用，合理利用财富，既满足自己的需求，不用操劳费神，又不会因为理财而耽误其他要事，并且行事问心无愧，得心应手，真让人心向往之。

所以，富有和赤贫完全由个人的主观意识所决定，拥有金钱、荣誉、健康也并非想象的那般美妙和快意。好坏优劣全随感觉。满意自己的人才会快乐，这种快乐不来自别人对你满意与否。只有明白这些，主观看法才可以信赖依靠。

财富带给我们的，无所谓好处或坏处：它只提供我们物资和根芽，我们内心是不是比它更强，是否能得心应手地驾驭财富，才是快乐与否的唯一原因。

额外附加给事物的味道和色彩均由内部结构产生，就像衣物可以御寒，但衣服本身并不产生热量，产生热量的是我们自身，衣服则仅仅用来保持和提高温度。如果衣服覆盖冰冷的物体，它同样可以保持寒冷的状态，储存冰雪就是这个道理。

让懒虫用功，让酒鬼戒酒，都是一种煎熬。一样的道理，勤俭对于放纵的人无异于酷刑，锻炼对于羸弱不堪和好逸恶劳的人就是一种惩罚。万物一理，事物本身不会痛苦，也没有艰辛，它们都来自人类本身的软弱和窝囊。要评判事物伟大和崇高与否，必须拥有伟大和崇高的内心，否则我们会把自身的缺点强加给事物。船桨本身是径直的，但放进水中感觉是弯曲的。关键是不仅要观察事物，还必须要掌握评判事物的方法。

许多著作，从各个方面劝导大家视死如归，忍性耐苦，我们为何不从中寻觅最贴合自身的呢？我们用很多奇思异想去说服别人不畏死亡、不怕痛苦，我们为何不从中选择最中意的亲身尝试呢？倘若你无法忍受用虎狼药来消病，那你至少应该尝试镇静剂来止痛。一种软弱无能又毫无用处的偏见，主宰着我们对悲伤和欢乐的态度。内心软弱，被蜜蜂蜇一下就会哭喊哀号。重要的是要培养自制力。另外，过分夸大痛苦的难忍、人性的懦弱，总会谈到哲学。因为大家总是寄希望于哲学，认为哲学的狡赖是所向披靡的：倘若认为贫苦的生活不是什么好事，那么何必生活在贫苦之中。

谁都会因自己的过失而持久地痛苦。

对于承受不住死之重，同时也承受不住生之痛，既不奋起抗争，也不努力躲避的人，我们除了束手无策，还能做些什么呢？

第七章
论对懦夫的责罚

　　一位既是君主又是良帅的伟人曾说，士兵不能因贪生畏死而被判处死刑。这是他在餐桌上了解到德·韦尔万领主的故事有感而发的，英王亨利八世从该领主手中不费吹灰之力而得到了布洛涅城，该领主由此被处死。

　　确实，我们应该明确区分软弱犯的错和恶意犯的错。因为如果是后者，我们违背良知，天理不容，而如果是前者，似乎是由于我们先天固有的弱点和缺陷。所以，许多人认为违背良知犯的错才应该受到责罚。基于这一判断，很多人觉得，极端分子理所当然应该处死，而律师和法官如工作不力则不用承担任何责任。

　　关于对胆怯者的处罚，最普遍的就是大庭广众之下的侮辱。一般认为这种处罚的首创者属于法学家夏隆达。很久以前，希腊原法律规定，逃兵要被判处死刑；而夏隆达更改为，逃兵被罚三天内身穿妇女衣裙，静坐在广场中央：他认为羞耻之心能恢复他们的勇敢，重新上阵杀敌。"让他流血，比不上让他脸红。"以前，罗马法律规定逃兵也将被处死，来源是阿米亚努·马塞利努的记载，罗马人袭击帕提亚，十名士兵做了逃兵，尤利安皇帝先开除了他们的军籍，又依从法律判其死刑。马塞利努评论，这是符合法律的。但是，在其他地域，对逃兵的责罚相对要轻，被罚携带行李关进囚牢。同样是罗马人，在坎尼战场脱逃的军人，与这场战争中最终打败了的军人，受到的处罚虽然很重，但也没到引颈受戮的地步。

不过，也要担心当众受辱会彻底让其灰心丧气，他们可能会淡漠疏离，甚至变成敌人。

在我们祖上之时，曾有一位德·弗朗热大人，被上级委派，前去取代迪吕德先生，但他向西班牙人投降，从而被废黜贵族的头衔，他及子子孙孙都被贬斥为平民，缴纳人头税，同时不能再上阵临敌。这种判决是相当严厉的。后来，南索伯爵进入吉斯后也对那里的所有贵族实施了同样的判决。同样的例子不胜枚举。

但是，假如愚蠢或胆怯得太过度、太显眼，超乎寻常，那就不要怪别人将其当作在耍诈，面对同样的责罚也理所当然。

第八章
论学究气

年幼之时每次看意大利喜剧，舞台上少不了插科打诨的书呆子，联想到我们也会给教书先生起外号，同样极具嘲讽之意，心里总是不太舒服。毕竟我既然被他们照顾和教导，被托付给了老师，那么维护他们的名誉，莫非不是我这个学生的最基本礼仪吗？我想市井百姓在学问观念方面一定远远落后于超群绝伦的人，同时两者的生活方式也差异太大，我用这个作为教书先生不受待见的原因。可我又无法解释一种现象，那就是连最彬彬有礼的人也同样看轻他们。比如正人君子杜贝莱说道：

我非常恼恨陈腐的学问。

这种蔑视由来已久。普鲁塔克曾说过，罗马人讥诮别人，会使用希腊人或学生的字眼。

后来，随着岁数越来越大，我发现这种偏见不是没有道理，最聪慧的人一般做不了最伟大的学者。有点儿想不明白，为何一个博闻多识者的头脑缺乏灵动机敏，而一个没有读过书的文盲的远见卓识堪比伟人，仿佛与生俱来。

一位法国公主，美丽聪慧，有一次说起某人，她对我感叹，那个人接受了很多别人的崇论闳议，自己的思想一定会被挤压成一点点。

我的想法，给植物浇太多水就会烂根，给灯灌太多油就会熄灭，同理，人的思想也会饱和，由于装满了驳杂纷扰的东西，以致一团混沌，压得直不起身子，打不起精神。但同时也存在反证，我们的思想越充足，就会越明智。这样的范例在历史上俯拾皆是，有些明君、良将、名士，同时学识渊博。

关于不问俗事的哲学家，有时也会被同时代落拓不羁的喜剧家所奚落，他们的想法和行径也常贻笑大方。你给他们法官一样的权利，评断某件官司或评判某人的行为。照理说这些对他们来说可是驾轻就熟！但他们呢，要在一些名词上纠缠，是否有生命，是否能动，人是否跟牛有区别，什么叫行为，什么叫忍耐，律条及正义又是什么东西。他们究竟是在评论法官，还是在跟法官交谈？这是一种不恭及失礼的自由。你如果赞美君王，他们就会捂耳朵，在他们眼中，君王与牧羊人无异，一样的游手好闲，后者只会欺压羊群，把羊毛剪得精光，君王的行为更甚。如果拥有上万亩的良田应该知足常乐吧？他们却嗤之以鼻，认为自己才是整个世界的主宰。你如果世代豪富一定会以门第为荣吧？他们却认为何足挂齿，他们从不挂念血缘，何况，我们每个人的祖先不可胜数，有富豪也有穷鬼，有领主也有奴隶，有希腊人还可能会有野蛮人。即便你的五十代祖先是赫拉克勒斯，他们也会认为你没必要炫耀，没必要感谢天恩浩荡。所以，世俗之人讥诮他们，认为他们桀骜不驯，不知世事艰辛。但是，柏拉图笔下的哲学家，与现下的哲学家的形象迥然不同，那是一群让人心驰神往、卓然不群的人，他们轻视公众活动，生活不循常规，所以鹤立鸡群，难以效仿。相较之下，现下的哲学家实不足道，他们庸庸碌碌，无所作为，难膺公众事务，蝇营狗苟地活着，甚至不如普通民众。

让那些口若悬河、卑鄙拙劣的所谓哲学家去死吧。

——帕库维乌斯

至于其余的很多哲学家，我认为，他们不但博览多读，而且还能很好地付诸行动。他们很像锡拉库萨的几何学家[1]，为了保家卫国，这位数学家走出煞费心力的纯科学研究，把知识付诸行动，所以，他发明了可靠实用的守城器材，效果惊人。但是，他自己却视这些发明如草芥，认为不利于维护科学的尊严，这些伟大的发明不过是学生的手艺和幼儿的玩具。那些哲学家也像这样。人们时常让他们参与实务，他们立刻就能大展身手，并且在实践中印证提高自己对事物的剖析，从而让自己的胸怀更加宽阔，思想更加博大。但也同时有另外一些人，知道食肉者鄙，所以自己避而远之；当克拉特斯[2]被

---

① 锡拉库萨的几何学家，此指伟大的数学家阿基米德。

② 克拉特斯（Crates of Thebes，公元前365—公元前285），古希腊著名犬儒派哲学家。

问到，什么时候才不会再钻研哲学，他回答说："那要等到我们军队的统帅不再是一群赶驴的脚夫。"赫拉克利特①不恋王位，让给兄弟，自己躲到神殿前整天和孩子们一起玩耍，当受到以弗斯人民责备时，他回答说："与孩子们玩耍，比起与你们一起治国，不是要强百倍吗？"还有一些哲学家，认为思想比财产和尘世重要得多，认为法官的位置和君主的御座都是渺小的。恩培多克勒②对阿格里真托③人民交付的王位拒而不受。泰勒斯有时责备大家只想着升官发财，大家反说他是吃不到葡萄说葡萄酸的狐狸，自己活该受穷。他也想尝试一次，作为排遣，所以，他纡尊降贵，以知识换取金钱。他做投资，一年就赚得盆满钵满，那是业内经验最丰富的人辛苦一生也难以企及的财富。

亚里士多德曾说过，泰勒斯、阿那克萨哥拉④等众人为哲人，而不称聪明人，只因他们对实用的事物漠不关心。我分不出这两个名词的区别，再说了，我觉得不能用这一点为我的哲

① 赫拉克利特（Heraclitus of Ephesus，公元前540—公元前480），古希腊著名哲学家，辩证法的创始人之一。

② 恩培多克勒（Empedocles，公元前490—公元前430），古希腊哲学家、自然科学家、政治家、演说家、诗人，相传他也是医生、医学作家、术士和占卜家。

③ 阿格里真托（Agrigento），位于意大利西西里岛南海岸的中央点，是阿格里真托省的首府，自古以来都是扼守地中海的军事重镇。

④ 阿那克萨哥拉（Anaxagoras，公元前500—公元前428），伊奥尼亚人，古希腊哲学家、科学家，他首先把哲学带到雅典，影响了苏格拉底的思想。

学家们分辩：看到他们安贫乐道，箪食壶浆，我们可以在他们身上同时用这两个词，就是说他们既不是哲人，也不是聪明人。

我觉得，这个问题归根结底，在于他们看待知识的态度不端正。以当前的教育模式，若说学生和老师即使将课本背得滚瓜烂熟，但并不精明强干，这是很正常的。家长们花钱把我们送进学堂，只关心我们的头脑是否学到了知识，却鲜有关心是否学到了智谋和品行。当走在路上，一个过路人向我们高呼："快看，一个学者！"另一个人也高喊："快看，一个好人！"没有人会崇敬地看向第一位。第三个人又喊道："快看，那人博学多才！"我们才会好奇地问："他精通希腊文还是拉丁文？他会写诗歌还是散文？"可没有人会问他是否因博览群书而变得更出色或更有思想了。这点至关重要，却容易忽视。应该问的是哪个人研究得更精更专，而非哪个人知道得更多更杂。

我们只重视让记忆充盈，却让理解力和思想空空如也。我们的学究们，如同外出觅食的飞鸟，口衔谷粒，不亲自尝一下，就盲目塞进小鸟嘴里，从书中搜集知识，仅仅挂在嘴边，拾人牙慧，直接喂给学生而已。

我突然吃惊的是，我举例的同时也在做傻事。写随笔，大多数时间里不也如此干的吗？因为我记忆力差，从书本中寻章摘句，找出那么多格言，不是为了知识储备，而是为了照抄我的著作；它们在我的作品中格格不入，就和在原来的书本里一样，都没有化成我的东西。我深知，要想成为学识渊博的人，我们只能依靠现有的知识，过去或将来的知识都指望不上。

还有更不幸的，像那些学究一样，教育出来的学生和孩子们也不汲取书中的营养，所以，书中的知识口传心授，不过拿来作为炫耀、交流和旁征博引的谈资而已，就像一枚过时的硬币，只能拿来计量或投掷，别无他用了。

"他们仅学会了与旁人交谈，而没有学会同自己对话。""会说话不重要，会管理才是关键。"

大自然为了显示自己主宰之下，不存在任何野蛮的东西，经常使缺乏艺术的民族出现最伟大的精神艺术品。这方面，我们要记住加斯科尼的一句谚语："把芦笛吹好很简单，首先应该学会摆布手指头。"这句谚语来自一首芦笛小曲，真是言近旨远！

我们只会拾人牙慧："这是西塞罗说的；这是柏拉图的做派；此乃亚里士多德的原话。"可我们自己的想法呢？我们认为什么不对？我们认为什么该做？这是纯粹的鹦鹉学舌的做法，我不由想起了一位罗马富翁，他出了大价钱，聘请了好几个人，每人都是一门学科的专家，让其常伴身旁，如此一来，每当他出席朋友间的聚会，谈到五花八门的问题时，专家们就代替他发言，根据特长，时刻准备着旁征博引，这位专家发表一段论据，那位专家马上背诵荷马的一句诗歌；他的看法是，学问存在于受聘人的头脑，等同他自己的一样，这很像很多人将智慧收藏在他们华丽的书房里似的。

有个朋友，我问他明白什么的时候，他就要借我的词典，一旦他不能立刻查词典，搞明白什么是疥疮，什么是屁股，他不敢对我脱口而出自己屁股上长了疥疮。

　　我们只会照本宣科他人的观点和学问，旁的什么都不会。但是，总要将别人的东西转化为自己的才行。书中提到的那个取火者就是我们的真实写照：那人要点火御寒，于是去邻家借火，一看到人家里点着的柴火，立马靠近取暖，全然忘记了借火回家。食物填满肚腹，若不吸收，转为养分，若不能充饥强体，吃它何用？卢库卢斯 [①] 缺乏战斗经验，通过苦读兵书成长为杰出的统帅，如果说他是像我们这样学习最终成功的，难道你会相信吗？

　　我们总是需要别人搀扶着走路，搞得我们自己软弱无力。想要为视死如归找出道理来吗？就去向塞涅卡借一些。想找些款语温言来抚慰自己或他人吗？就去向西塞罗借一些。如果我们有知识储备，就可以用自己的思想来自我安慰。像这样施舍来的、有限的本事，我是非常厌弃的。

　　即便大家凭仗借来的知识成为学者，但想变成哲人，却只能依靠自我的智慧。

> 　　我痛恨对待自己并不明智的哲人。
>
> 　　　　　　　　　　　　——欧里庇得斯

> 　　所以，恩尼乌斯说：哲人的智慧不转化为自己的，就分文不值。
>
> 　　　　　　　　　　　　——西塞罗

[①] 卢库卢斯（Lucius Licinius Lucullus，约公元前117—公元前56），罗马将军和执政官。

如果他贪心、虚伪，力量就会比不上欧加内的羊羔。

——尤维纳利斯

光得到智慧是远远不足的，还要运用自如。

——西塞罗

第欧根尼嘲讽文学研究者仅仅分析乌利西斯[①]的痛苦，却对自己的不幸置若罔闻，音乐家只擅长给笛子调音，却不会规范自己的行为，演讲家只钻研怎样说得好听，却不在怎样做得更好上下功夫。

如果我们的思想不端正，判断不敏锐，我宁愿我的学生占用上课时间去打网球，那样，最起码可以锻炼个好身体。看看那些学生，从学校埋头苦读了十五六年，一旦学成归来，竟然什么也干不了，你唯一能看到的，仅仅是其学了那么多年的拉丁文和希腊文，相较从前多了骄纵和倨傲。他本应该带回硕果累累的思想，但却只带回来了臃肿的内心，不是越来越充实，而是越来越虚浮。

这些教书先生，与诡辩的哲学家成了一类人。柏拉图说过，教师应该是各行各业中最有益的行业，但是，在形形色色的人群中，他们非但不能像木工或瓦工那般，做好人家交付的任务，并且还做不好，做不好就罢了，还要别人支付薪酬。

普罗塔哥拉给他的弟子定下门规，要学生们选择要么交

---

① 乌利西斯，罗马神话的英雄，即希腊神话的奥德修斯。

学费，要么发誓会高度赞扬所学的知识，以此报答老师的辛劳。我的那些学究先生，倘若愿意和我做此尝试，遵循普罗塔哥拉的规矩行事，他们一定会失望透顶的。

用佩里戈尔方言，可以把这些学究蔑称为"挨打的文人"，之所以这样形容，是因为他们被文字的锤头当头一击。实话实说，他们经常自甘堕落，乃至丧失了常识。农夫和鞋匠依照自己的活法，自自在在，老老实实，直言直语，而那些学究，想与生吞活剥的知识抗衡，越是这样做，就越陷入狼狈的境地。他们有时也会脱口而出一些哲理，但那是来自别人的。他们熟谙盖仑①，却丝毫不了解病患。他们对律法侃侃而谈，却找不出案情的关键。他们对一切事物的理论了如指掌，可没有一人愿意付诸行动。

一位朋友为了打发时间，便和一位学究展开了辩论。这位朋友效仿佶屈聱牙的隐语，把毫无逻辑的词汇强行组合到一块，时而加进辩论必需的语句，就这样，他竟然和这位学究从上午辩论到了天黑，学究还以为纠正了别人，扬扬得意。

> 你，出身高贵，眼睛总往上面看，小心身后有人笑话你。
>
> ——佩尔西乌斯

---

① 盖仑（Galen，129—200），古罗马的医学家、哲学家。他应该是古代史中作品最多的医学研究者，他的医学见解和理论在欧洲起支配性作用，长达一千年之久。

这类学究全国到处都是，如果谁能详细调查一下，就会发现，和我说的一样，他们往往不明白自己说的是什么，也听不明白别人说的是什么。他们的记忆储备惊人，可决断力却空空如也，除非他们天赋异禀。图纳布斯[1]就是这样的人。他一介文人，别无所长。我觉得，他是千年以降最伟大的文人，但是，除了身着长袍、不善虚礼等不值一提的小节以外，他毫无学究气。他憎恶那些学究，学究们能够忍受丑陋的心灵，却忍受不了身穿长袍；学究们仅凭礼仪客套、仪表外貌和衣服靴帽来判断一个人。要看一个人的内心，我发现图纳布斯是世上最具涵养的人。我经常故意拿一些他比较陌生的事来试探他，但他很短的时间内就能贯通，并给出精确判断，仿佛他一直就是领兵的专家、治国的能手。这是一群出类拔萃的人。

> 他们的心灵，是善良的提坦普罗米修斯用最好的
> 泥土精心捏塑的。
>
> ——尤维纳利斯

他们接受的教育并不优秀，却能洁身自好，如出淤泥之荷花。但是，我们的教育不能停留在不使人变坏的程度，而应该使人变得更好。

有些法院招聘司法人员，仅仅停留在考较理论知识上，而另外的一些法院还会考察决断力，让求职者判决案情。我觉得

---

[1] 图纳布斯，法国人文主义者，擅长雄辩术。

后者的做法更好。尽管学问和决断力都必不可少，两者应该并举，可实际中，决断力要比理论更重要。理论不够，靠着决断力同样可以断案，但反过来却行不通。希腊的一句诗说得好：

不善决断，学问再好也终难成事。

为了我们司法的公正，但愿人群中多多出现既有渊博知识，又有公正决断力的人才，以供法院之用。知识不应依靠思想，两者应该水乳交融，不应该用知识来灌溉思想，而应该拿来给思想染色，知识若不能纠正思想，使之更完善，那就最好将它弃如敝屣。拥有丰富的知识，却毫无能力，不知怎么使用还不如干脆不学，那样的知识像一柄危险的剑，主人会反受其害。

或许，这就是社会上强调女子无才便是德的缘故。也是同样的原因，当让五世的儿子布列塔尼公爵弗朗索瓦听说他的未婚妻苏格兰女子伊莎博没有受过高等教育，文化水平一般时，他说这样会让自己更爱她，同时强调，一个妻子只需分清丈夫的衬衣和外套，就非常有学问了。

由此，我们不难解释为什么祖先们认为学问无足重轻，即便今天也只有君王的主要智囊们才需要博览多读。当今，只有法学、医学、数学才被提倡；一旦增长知识无法达到使学问更有荣誉的目的，那么，你会觉察学问的处境没有好转，悲惨依旧。倘若学问不能让我们学会怎样正确地思想和实践，那就是最大的遗憾！"自从产生了博览多知的人，就不会再出现方正高洁的人了。"

各种学问中，如果学不会善良这一门，那么，其他所有学问均是无益的。刚才我所谈的理由，应该能被下面的事所印证。法国的情况，之所以学习，通常就是为谋生，一些人家境优渥，不用为奔波赚钱而犯愁，所以有志于学问，但其中很多半途而废（还没学出眉目，兴趣就转移到别的方面去了）。除却这些人，仅余那些家境较差的人，汲汲于学问，想赖此糊口谋生。而这些人，可能由于自身能力所限，可能受到不好的家庭影响，他们的见识很难真正地反映学问本身的深度。因为学问不能开辟蒙昧人的思想，复明目盲人的眼睛。学问的责任不是让盲人重获光明，而是让视力得到矫正和提高，但前提眼睛本身是正常的，是可以通过训练提高视力的。学问是灵丹妙药，但药效有多持久，是否过了保质期，药瓶的材质也是关键。眼力好不见得视力不斜，所以，一些人知道正路却不走，满腹经纶却不用。柏拉图在《理想国》里谈到，基本原则就是基于每个公民的天性人尽其才。天性全知全能。腿有问题不应该强行锻炼，心灵坏了则不适宜思想工作；不能忍受蠢人和笨人研究哲学。当一个人鞋穿得不好，我们就会说他肯定是个鞋匠。同理，出于生活经验，医生往往较常人更不认真吃药，学者比平常人的智慧更少。

以前，希俄斯岛的阿里斯顿[1]有句至理名言，哲学家会祸害民众。原因是大多数人很难从口若悬河的说教中受益，不能

---

[1] 阿里斯顿（Aristo of Chios，约活动于公元前3世纪中期），古希腊哲学家之一。

受益就会害人。接下来要说的教育方法，色诺芬认为波斯人广泛采用。我们知道，波斯人着重塑造孩子们的勇敢意识，就像其他民族侧重文化教育一样。柏拉图说，波斯人用这种方法教育太子，为的是能承继大统。太子甫一临盆，绝不交给女人抚养，而交给国王身边年高德劭的内侍。内侍们负责教养太子，养气质、强体魄；七岁开始教骑马打猎，太子十四岁，将被交给四个人教育，即国内最贤能的人、最正直的人、最禁欲的人和最勇猛的人。第一个教育他品质高洁，第二个教育他以诚待人，第三个教育他平心寡欲，第四个教育他一往无前。

利库尔戈斯[①]的做法值得大书特书。他治国有道，本人白璧无瑕，对子女的教育非常积极，把这当作一项重要责任，何况身在文艺女神的故乡，但他几乎从不谈论学问，他的态度是，对于仅仅重视美德，对其他目空一切的贵族青年，只需接受勇敢、贤能和正直的教育就足够了，完全不用接受知识。柏拉图将利库尔戈斯的看法引入了他的法律。波斯人的教育方式，是要学生品评人或事，各抒己见，无论所持态度是否定还是赞成，都要给出理由，这种方式可以很好地共同研究法律和提高决断力。色诺芬讲过一件事：阿斯提亚格[②]要居鲁士复述学校里都发生了什么，居鲁士说："在学校，有位高个同学穿的大衣有点儿小，他把这件衣服给了一位矮个同学，同时看

① 利库尔戈斯，雅典著名政治家。
② 阿斯提亚格，波斯王居鲁士的祖父。

到矮个同学的外套非常宽大，于是他从矮个同学身上扒了下来，自己穿上了。老师让我评论此事，我说，这件事对双方有益，应该维持下去。先生说我判错了，因为我只在意合不合适，没有将公不公正放在首位进行考虑，公正不容许强行剥夺他人的东西。"居鲁士还说，他为此挨了鞭笞，就和我们在村庄读书忘了语法时态的时候挨鞭子一样。我学校的严厉程度丝毫不弱于居鲁士的学校，我明白这一点之前，老师一定会先责骂我一顿。波斯人想要走速成的方法。既然明白了学习知识也只能学到贤能、高洁和顽强，他们宁肯让孩子们跳过学校环节，直接在实践中学习，不是在课堂上教育，而是在行动中尝试，不仅用格言名句，更重要的是通过范例和实践，不拘一格地教导和培养，使知识不再是思想的附庸，而成为思想的本色和惯性，不是培训后才能掌握，而是自然而然地具有。这个道理有例可证，当斯巴达国王阿格西劳新二世被问到孩子们应该学什么时，他回答："应该学习成年人应该做的事。"如此教育孩子，效果绝佳，也就不足为奇了。

　　有这样的说法，想找文字学家、画师和乐师，就得去希腊别的城市，想找法学家、法官和将领，就得去斯巴达。在雅典，人们学习怎样说得精彩，在斯巴达，人们学习怎样做得漂亮；雅典人学习怎样打破某些诡辩的证据漏洞，不让细节纠缠，不受模棱两可的语言的欺骗，斯巴达人则学习怎样节制欲望，抵制蛊惑，不向命运低头，不怕死亡威胁；前者沉湎于说话，持续地锤炼语言，后者尽心于行动，坚定地砥砺心灵。所以，当安提帕特要求波斯人提供五十名儿童作为人质时，波斯人的回答同我们想的大相径庭，宁肯交出一百名成人。不用惊奇他们的想法，因为他们觉得儿童做人质是对国家教育事业的损失。阿格西劳斯请求色诺芬把他的子女们送到斯巴达接受教导，不是为了学习文学或雄辩，而是为了掌握最极致的学问，即遵守和统率。

希庇亚斯向苏格拉底详细叙述了他的遭遇。他在西西里岛，特别是其中的一些小城镇，教书收入颇丰，但在斯巴达，他赚不来一点钱，因为斯巴达人很蒙昧，既不懂测绘，也不懂数学，既不想学语法，也不想学格律，只对一堆杂乱无章的列表兴致盎然，就是每个国家的历代君主和其兴衰历史。如果希庇亚斯能够被苏格拉底特有的方式调侃一番，那一定非常有趣；但听完以后，苏格拉底循循善诱地让对方衷心感叹，斯巴达人的治国方式完美无缺，他们的生活快乐纯粹，希庇亚斯因而得出论断，他所尊崇的艺术是百无一用的。

在重武轻文的斯巴达和其他相似的国度里，例证比比皆是，都说明学习知识非但无法培育勇敢之心，反而会减弱气概，让人手无缚鸡之力。当今之世，最强之国非土耳其莫属，那里的民众也是尚武思想教导长大的。我觉得罗马在崇尚学问后英武之气就大不如前了。现在，最勇猛善战的民族是最野蛮、最没文化的民族，斯摹泰人、帕提亚人、帖木儿人都验证了这一点。当哥特人将希腊踩在脚下时，他们当中有种意见，应该把所有藏书纹丝不动地还给希腊人，如此一来，他们的兴趣可以从攻杀战守转变为足不出户皓首穷经。幸亏这个见解，希腊的书店和图书馆藏才没在火灾中毁于一旦。查理八世剑锋所指，那不勒斯王国和托斯卡纳的大半疆域俯首称臣，他的亲随贵族们觉得，这次征服不费吹灰之力，原因就是意大利的君主和贵族汲汲于博览多读，而不是骁勇善战。

第九章

论对儿童的教育——
致迪安娜·居松伯爵夫人

　　我未曾见过做父亲的不认亲子，即使儿子是麻风或者罗锅。也不是因为他对儿子非常喜爱，无视这些缺陷，而是无论如何，也改变不了父子的血缘，我也这样。相比任何人，我最清楚，我写的文章不啻一个仅在童年浅尝了最肤浅知识的人的呓语一般。那些知识仅仅剩下泛泛而模糊的印象，每个领域都涉及一点儿，但每方面都不系统，完全是法国式的。总而言之，我粗略了解医学、司法学几个概念，数学分为四大领域。对于它们的目的略知一二。可能我还了解，在我们的生活中，知识通常都希望能被用到。但是，我想来都是不求甚解，没有用心研读过现代知识之父亚里士多德，也缺乏坚持不懈的毅力去探索其他学科。没有任何学科我能说出个所以然，任何一个受过中级教育的孩子可能都比我有学问。最起码，在他们眼中，我缺少考较他们基本课业知识的能力。倘若有人强我所难，必须出题的话，我就只能尽己所能出些普通的题目，考察他们天生的决断力：这一课程，他们闻所未闻，就如同我对他们的课业一概不知。

　　除却普鲁塔克和塞涅卡，我没有接触过其他靠谱的书本。从这两人的书中，我不停地采摘摄取，就像达那伊得斯们不断把水灌向无底的水槽里。我把从中吸取的某些片段记录在册，却极少真正装进心里。

　　我对历史很擅长，对诗也用情至深。就像克莱安西斯所言，声音挤压进喇叭细小狭长的管子里，一旦发出就振聋发聩，我觉得思想亦如是，它们拥挤在诗的韵脚下面，忽地蹿身跳起，给我猛烈的震撼。关于我自身的才干水平，亦即我随笔中研究的一切，我觉得它们被重力压垮了。我的见解和思维只是摸黑前行，吞吞吐吐，忽忽悠悠，脚步蹒跚。哪怕我尽己所能走的路途远了一些，我一点儿也不称心。我极目远眺，仍能看到更远的景色，虽然似乎大雾弥漫，若隐若现，辨别不清。我处之泰然，绝不矫揉造作，我手写我心，只用直觉发音；经常会发生这样的事情，在杰出作家的文中偶遇我也阐述过的陈词滥调，例如前些日子我看普鲁塔克的作品，偶尔发现了他对想象力的类似的描述，与其相比，我感叹自己如此木讷死板，渺小不堪，不由得自怨自艾。即便如此，我还是欣喜欲狂，因为我的想法与他们意趣相投，至少证明我远远地步其后尘，赞成他们的观点。除此以外，我还能分辨出他们和我的差异在哪里，这绝非每个人都能做到的。但是，尽管我的论点不堪一击，粗鲁俚俗，我还是保留它们原来的模样，虽然与那些作家相比有些不足，但绝不因此加以美化和修饰。要与这些人齐头并进，必须挺直身子。本世纪有些作者行事轻浮，在他们无足重轻的文字中，经常通篇剽窃前辈作家，装腔作势，往自己头上加冕，可效果事与愿违，毕竟剽窃的和他们自己写的有天壤之别，高下立判，反衬托他们自己的文字愈加软弱不堪，黯然失色，以致适得其反。

这两种做法泾渭分明。哲学家克里西波斯在他的作品中，不但整段引用其他作家的文字，乃至整部作品，比如他把欧里庇得斯的《美狄亚》整部放进了自己的一部作品中。与此相反的是，伊壁鸠鲁流传后世的三百卷著作，其中没有任何他人的原句。

一次，我无意中读到一篇文章。那些法文句子平平淡淡，毫无生气，不着边际，读起来昏昏欲睡，寡淡无比。读了相当长的时间，深感厌烦，突然出现一个逸趣横生、雅致精巧的片段。如果我能感到明显的过渡，起伏不太突兀，那也还好，可简直就是天渊之别，仅仅读了六句，就感到文字一飞冲天了。所以，我也就察觉到我刚从深渊辛苦逃出生天，以后再也不愿回去。假如我用这些典雅的片段来阐释自己的一个论点，就将使我的其他示例黯然失色。

批判他人存在的、我同时也有的缺点错误，和我常做的批判我身上有的、他人也有的缺点错误，我觉得这两者是可以互相包容的，对于错误，正确的态度就是时时处处给予纠正，使其无处藏身。但我由衷了解，我必须胆大包天才敢跟我剽窃的文字一较高低，并驾齐驱，并且自信可以蒙骗读者的眼睛，掩盖自己剽窃的行为。这得力于我的臆想和本事，而且也由于我十分地尽心尽力。何况，我通常绝对不会和那些开创者针锋相对，只是频繁地细小地冲击。我不与他们格斗，只是轻轻碰触。即便我下决心血拼一次，也不会付诸行动。

倘若我能旗鼓相当地和他们角斗，我就已经是个博学的人了，因为我援引的都是他们最出色的文字。

我发觉许多人身穿着别人的盔甲，武装到手指头都层层包裹，类似同一个领域的人轻而易举就能做到，把前贤的学说东挪西借，从而服务于个人的企图。那些人想把先贤的论断包装成自己的思想，自己无法产生有水平的思想，于是用先贤有水平的思想来吹嘘自己。第一这是不公平、无德行的行径，第二这是愚蠢的自欺欺人，他们仅仅得志于用沽名钓誉来换得庸碌民众蒙昧的掌声，然而在明察秋毫的人面前贻笑大方，这些人对剽窃他人的成果来哄抬自己身价的行为付之一笑，可是只有他们的肯定才至关重要。我个人觉得，这种剽窃是最不齿的事了。我不援引他人，除非能够更好地阐明自己的思想。这里不牵连编著，这些作品本意就是把先贤的学说论断汇编整理起来面世的。除先贤外，现下也有人如此行事，其中一些人做得很高明，其中包括卡皮鲁普斯。这些人思想卓异，比如利普修斯 ① 撰写的《政治》就是一部渊博而艰深的巨著。

我的意思是，不论什么，不管论述多么荒谬，我都不想文过饰非，就像我的一幅肖像画，我本身谢顶华发，画家可能就直截了当画了出来，没有粉饰得不自然。因为我的个性和想法也是一样的，我如实写出来，是由于我就是这么想的，而非应

① 利普修斯（Justus Lipsius, 1547—1606），南尼德兰（今比利时）语文学家、人文主义者。

该这么想。我只想展现真实的自己，而我现在的境遇，倘若新的知识能够改变我，明天就会呈现另一面貌。我没有权利要求同时也不追求别人的信任，我自知学识鄙陋，没有教导学生的资格。

一位我的《论学究气》的读者，有天来我家告诉我，我最好在儿童的教育问题上系统谈一谈。但是，实话实说，教导和抚育孩子是人类最关键也是最繁难的一门学问。

就像种田，撒种前的耕耘简单，撒种也很简单，但是一旦赋予撒下的种子以生命，就有了各种各样的培育方法，会遭遇各类难题；人也这样，撒种没什么高招，但是孩子只要临盆，就离不开抚养和教育，需要给予体贴入微的关爱，为他们哺养劬劳，奔波劳苦，提心吊胆。

人在孩提时代，兴趣爱好显得稚嫩柔弱，时有时无，前途茫茫，所以无法做出靠谱的决断。

可以想想西门、地米斯托克利等人，他们的行动远远偏离了自己的天性。熊和狗的后裔一定会暴露它们天生的癖好，但人却能很快趋从风俗、公论和律法制度，非常轻易就可以改弦易张和掩饰自我。

即便如此，强逼着儿童从事不符合他们天性的事，也是极其艰难的。经常有人花费漫长的精力，持之以恒于教导儿童做他们难以办到的事，因为误入歧途，结果竹篮打水。然而，教育孩子的任务是如此艰巨，我觉得应该循循善诱，启发他们从事最美好最有益的事，尽量不能太过忧虑于臆想他们今后的发展。柏拉图在他的《理想国》中，好像也允许孩子们拥有很多的权责。

夫人，知识为人类披上一袭华丽的长袍，是为人类服务的妙不可言的工具，特别是对于您这样，极有荣耀极有教养的人。实话实说，知识在位卑言轻的人手里是无施展可能的。它可以帮助大家找出证据、更好地辩论或开方治病，这也是它引以为傲的；但它的其他作用更突出，它是战争的帮凶、奴役人民或获得其他国家信任的帮手。夫人，您世代书香门第（时至今日，令祖先富瓦克斯伯爵的著作还拥有广泛影响，您夫妻二人均是他的后代；您的叔父弗朗索瓦·德·康达勒伯爵日日坚持写作，他的著作足以使您家族的写作才华彪炳万代），您尝过教育的好处，我坚信您肯定难以忘怀所受的教育，所以，对于这个问题，我只想对您倾诉一些浅见，是与通俗成见大相径庭的，这也是我唯一能够为您效劳的。

选择怎样的人聘为令公子的家庭老师，必将直接影响他受教育的结果。家庭老师的职责涉猎甚广，但我想避而不谈，因为我有自知之明，我是谈不好的。在这里，我有一些逆耳忠言想说给那位老师，他若能听进心里，就会认为我所言甚是。贵族出身的令公子，博闻强识的目的绝非为了追求利益（这个意图鄙俚狭隘，不会获得缪斯女神的看重和恩赐，还有，是否能获利，这受别人掌握，与自身无关），也不是为了顺应时代，而是为了强大自我，明悟心灵；不是为了培育学识渊博的人，而是为了成就精明强干的人。所以，我希望能给孩子尽量物色一名见解多过知识的老师，最好二者兼有，那是最理想的，倘若不能，那宁可找一位品德高洁、多谋善断的人，也不要仅仅选择一个仅仅学问渊博的人。我希望一名良师能用不保守的方法来教导孩子。

人们呶呶不休地向我们耳朵里塞知识点，好似漏斗里倒水，我们的责任仅仅是人云亦云，拾人牙慧。我希望令郎的家庭老师改弦易张，因材施教，根据孩子的才具，严加考察，教会孩子用独特的思维观察、辨别和抉择事物，有时引导他向前，有时让他独自乘风破浪。老师不要单独想象、自说自话，应该教学相长，也要听学生倾诉讲解。苏格拉底及后世的阿凯西劳斯上课时，就让学生先说，然后他们再说。"教师的端庄威严多半对学生的学习没有好处。"

老师应该允许学生跑在老师前面，这样有利于判断其速度，决定如何把速度放缓来符合学生的进展。一旦师生的速度不协调，事情往往一塌糊涂。能够调整适宜的速度，换来步伐整齐，据我所知殊为不易。一个品德高洁而眼力精到的人，就要能够放低姿态迁就孩子的步伐，并善加指导。于我而言，上坡的脚步要比下坡更稳当、更牢靠。

一般来说，不论学生的天赋和习性多么的千差万别，老师教导的内容和方式却一成不变，所以，可想而知，在众多学生里，能有所成就者寥若晨星。

老师不应该满足于学生能够说出学过哪些词语，还应该将含义和实质深入理解，在给学生打分数的时候，不应该看他死记硬背了多少，而是看他是否将知识融入了生活。学生刚接触新的知识时，老师应按照柏拉图的教学法，让他触类旁通、知行统一，看他是否真正为己所用，是否真正转化为自己思想的一部分。吞了哪些，就倒出哪些，这是生搬硬套、没有吸收的体现。肠胃如果不将吃进来东西的外观及形态完全改变和消化，那就是怠工。

我们的思想任凭他人的思想操纵支配，终将劳而无功，脱不开桎梏。我们项间被绳子勒住，也就亦步亦趋，完全没有了生机及自由。他们无法实现驾驭自我。我曾经在意大利的比萨市访问了一位学识渊博的人，但他对亚里士多德顶礼膜拜，他深信不疑的信念是，一个学说是否真实可靠，只看它是否与亚里士多德的论点相吻合，哪怕细节不同，也认为是臆想和空谈。他坚信亚里士多德无所不知，学说无所不有。他这个信念不被大家所接受，所以，曾深陷困境，不能自拔。

一个老师倘若让学生严格挑选所学的知识，而不是蛮横跋扈又枉费心机地让学生牢记所有，那么，亚里士多德的那些准绳，也和斯多葛派和伊壁鸠鲁派的准绳一样，对学生而言，就不再是单一的准绳了。如果提出五花八门的论点让他评判是非，那么，他能分辨就会做出分辨，不能分辨的时候也会提出质疑。

　　　　相比肯定，我更喜欢质疑。

　　　　　　　　　　　　　　　　——但丁

因为，只要要求学生能通过自我的思考，掌握色诺芬和柏拉图的见解，那就不再是先贤的见解，而已经属于他自己的了。亦步亦趋在别人身后的人终将劳而无功。他就像竹篮打水，甚至可以说他主观上就已经放弃去得到什么了。"我们不受任何君主的奴役，每个人都有驾驭自我的权利。"学生最少应该明确自己了解了什么。应该将那些哲学家的论点掌握得得心应手，而不应该死记硬背他们的教条。如果开心的话，他将那些学说出自何人统统忘掉都没关系，但应把它们转化为自己的思想。真谛和理智是每个人都有的，不用区分谁先说谁后说，也不用区分是柏拉图说的，还是自己说的，只需他和我所见略同就好了。蜜蜂来来回回采集花粉，但酿成的蜜却属于它们自己，就不再属于鲜花了；一样的道理，学生从别人那里寻章摘句，经过消化，变成自己的文章，就已经属于自己的想法了。他所受的教导，他的劳动和钻研，都是为了形成自己独特的想法。

他从哪里得到过启发，可以隐匿，而只将收效呈现出来，绝大多数剽窃的人，只卖弄他们建成的屋子，买到的物品，而不会把从别人那里吸收的东西公之于世。法官收受的贿赂，寻常是无法看见的，大家能看见的仅仅是他的子女们获得了良媒和美誉。谁也做不到把自己的收入上交充公，只会把私得的钱财秘而不宣。

通过学习，我们更加优秀，更加明智，这都是学习的成果。

埃庇卡摩斯[1]说，只有领悟力能看到、能听见，它使用万物，操纵万物，控制和主宰万物；其他万物都懵懂愚昧，缺少灵魂。当然，因为我们不把无拘无束的自由赋予领悟力的

---

[1] 埃庇卡摩斯（Epicharmus，公元前540—公元前450），希腊喜剧剧作家、哲学家，对西西里、多里安的戏剧影响甚大。

话，它就会变得俯首帖耳、瞻前顾后。谁曾让自己的学生针对西塞罗某个箴言的词汇和语法畅所欲言？人们把华丽的名人名言视作至理统统灌进我们的脑袋，哪怕一个字母、一个音节都不能背错，认为它们都是事物奥义的一部分。滚瓜烂熟不等于明悟内涵，那仅仅是记住了别人讲的东西而已。真正明悟的东西，就要懂得使用，无须在意老师，无须盯着课本。死记硬背得来的才华，是让人惋惜的才华。希望这种才华只成为点缀，而不成为根本。这是柏拉图的观点，他说，坚韧、信心、诚信是真正的哲学，与之没有干系的一切知识都是无关痛痒的点缀物。

我很希望帕瓦罗①、蓬佩②这些当代舞蹈界的才俊教我们基本动作时，不要让我们离开原位进行练习，而仅仅让我们注视他们的动作，就像我们的老师教导我们决断，却不允许我们转动脑筋那样；我希望人们在教导我们骑马、射箭、弹琴或音乐时，不要让我们训练，就像我们的老师教导我们评判和口才时，不训练我们讲话和逻辑那样。与此同时，在学习舞蹈此类点缀物时，我们要将所见的一切当作重要的教科书：侍者的卑贱、奴仆的粗笨、餐桌上的谈论均是崭新的必修内容。

所以，人际交往是非常应该采取这种学习方式的。还有游遍天下，但绝非我们法国的贵族那样，只关心宫殿的台阶有几层、利维亚小姐③的短衬裤有多么好看，也不似某些人，只

---

① 帕瓦罗，法国国王亨利三世的宫廷舞蹈教师。

② 蓬佩，帕瓦罗同时代的另一位著名舞蹈家。

③ 利维亚小姐，著名舞蹈家，短衬裤装扮曾风靡法国。

观察到尼禄在某废墟雕像上的面庞比他在金币上面庞哪个更长，需要做的是，借鉴这些国家的特色和风俗，借用他人的智慧来填充我们的脑袋。我希望，在孩提时代，就应该周游各国；还有一石二鸟的好处，可以学习外语，先从有着较大语言差异的邻国开始，毕竟若不能尽早磨炼孩子的唇舌，成人后掌握外语的难度很大。

另外，普遍的看法，孩子受教育的时候，应该远离家庭。父母会由于自然而然的舐犊之情，变得很迁就，即便是最理智的父母。他们狠不下心来责罚孩子的过失，不忍心目睹对孩子的教育太粗鲁、太受制约、太危险。当看到孩子出操后的大汗淋淋，灰头土脸，日晒雨淋，父母会难受；当看到孩子驾驭烈马，拿着无锋剑和严苛的老师真劈实砍，父母会心疼。教导孩子没有第二条路：谁想让孩子出人头地，就不能在孩子青少年时代心慈手软，而应该经常违反医学准则：

> 让孩子们风餐露宿，提心吊胆。
>
> ——贺拉斯

对孩子，不仅要砥砺其精神，还要磨炼其躯体。精神如果没有躯体的强力支撑，独自承受双倍的责任，会难担其重。我感触良多，我身体虚弱无力，精神要付出多倍的勤苦，才能经受躯体的重负。我那些老师在书中品论崇高和无畏时，往往对铜筋铁骨的健壮之躯赞叹不已。我还见到很多男人、女人或者儿童，天生伟力，棍棒加身，犹如弹指而已，声色不动，连眉头都不皱一下。角斗士与哲学家进行耐力竞赛，更多的是凭借躯体，而不是依靠精神。但是，能够耐劳，和惯于吃苦没什么区别："劳动能练出不怕痛的老茧。"要让孩子习惯任劳任怨，这样的话，他们就不再害怕脱臼、胃痛、灼烧、监禁和严刑拷打。谁也不能肯定他们不会遭受牢狱之灾，好人也时常会和坏人一样被监禁、受酷刑。我们要承受住考验。有些人无法无天，会用鞭子和绳子胁迫好人。

还有，老师在孩子面前的威严应该不受侵犯，若是父母在一旁，教学就会碍手碍脚。另外，照我看来，孩子受到家庭过分的疼爱，或者从小就有豪门贵族的优越感，这对孩子的成长没有丝毫好处。

在教导人际交往时，我总能发现有一个瑕疵：我们不断地刻意显摆自我，炫耀自己的水平，而没有去理解别人，吸收崭新的知识。闭嘴和谦虚对人际交往有好处。您的孩子有了本领，我们要教导他莫要显山露水；尽管别人信口雌黄，也莫要怒不可遏，因为听到不合自己胃口的言语就怒容满面，是失礼和讨嫌的行为。要教导孩子关注自身涵养的提升，自己不做的事，别人做了也不能说风凉话，没必要和风俗背道而驰。"一个贤人，不应该炫夸学问，不应该咄咄逼人。"要教导孩子谦逊懂礼，不能妄自尊大，不能年纪轻轻就自以为是，为吸引关注就处处争强好胜，用贬低别人和标榜自己来换取虚名。只有大诗人才有资格在艺术上另辟蹊径，只有崇高的伟人才可以抛弃传统，别出心裁。"即便苏格拉底和亚里斯提卜摆脱了习俗和惯例，人们也不能学他们，他们博古通今，超群绝伦，因而才能不落窠臼。"要教导孩子唯有在旗鼓相当的时候，才可以摆明观点或开始争辩，就算如此，也不能把所有的招数全部使出来，而只需要使出最有效果的。要教导孩子对有利的论据精挑细选，讲道理要简明扼要，所以也就要提纲挈领，一针见血。要教导孩子一旦明辨真理，就要马上衷心折服，不论真理是对方提出来的，还是自己的观点稍加修饰而成。因为他高台演说，不是为了说预定的台词，而是为了追求真理。要教导孩子不受任何情由的羁縻，否则会做出当场嘴硬可事后懊悔的傻事，唯一例外是自己认可这个情由。"没有什么能够强迫他为既定的观点辩护。"

　　倘若老师个性与我相同，就会引导孩子立志报国，呕心沥血，勇往直前。可是，这种忠诚仅仅限于履行公共事务，要让孩子打破别的思想。一个人一旦被雇用和拉拢了，就像欠了债，是要还钱的，说话也就不会发自肺腑，要不口是心非，要不就要担负鲁莽草率和背信弃义的骂名。

　　一个大臣，只能说君主想说的，做君主想做的，这是他仅有的权利和意图；君主从万千子民中挑中了他，而且亲自教导。这个宠遇和虚名让他利令智昏，他也就无法像从前那样畅所欲言了。我们知道，这些人的措辞一般和其他阶级的措辞截然不同，他们说话有些虚伪。

　　要使孩子的言论符合良心和品德，只能教导他们理性。使他明白，当他发现自己的论点有谬误，即便旁人还没觉察，也要坦诚认错，这是真诚和善于决断的体现，而真诚和善于决断正是孩子寻求的最重要品德；还要让他明白，坚持错误或执迷不悟是笨蛋的品格，越是鄙陋的人，身上这个缺陷就越清晰；孩子必须明白，修正观点，纠错勘误，过程中扬弃一个错误的主张，这项品德善莫大焉，是哲学家的品德。

要让孩子明白，与别人同行时，要机智灵活，多听多看，因为我发觉最关键的岗位往往掌握在乌合之众手里，富可敌国不等于智慧超群。

当餐桌正位的人夸夸其谈，说一些诸如"某一挂毯多么绮丽""马尔维细亚酒多么可口"的时候，我希望听见孩子能够说出有趣的话语。

孩子应该探寻每个人的特有价值：牧人、瓦匠、过路客。应该调动一切，博采众长，因为全部都能为己所用，哪怕是旁人的愚昧和缺陷，对他也很有教育意义。通过观察每个人的言谈举止，他就会欣羡体面的举动，藐视不雅的仪态。

应该引导他凡事问一个为什么的好奇心，四周所有的东西，他都可以问个究竟，一所房子、一汪清水、一个路人、战争遗迹、凯撒或查理曼所经过的地方：

> 什么土地会冰冻，什么土地骄阳下尘土漫天，什么风能把帆船吹往意大利？
>
> ——普鲁佩斯

他将通晓这些君主的秉性、才华和婚姻。学这些知识既有趣味，又有用处。

在这种人际交往方式中，我觉得也应该包含，并且主要包含那些仅仅在书中才出现的历史人物。他会在史书中同彪炳千古的伟人巨匠们对话。这样的学习可能会劳而无功，但也可能好处多多，这将受人们的意图而定。就像柏拉图所言，这种方式是斯巴达人唯一看重的学习。孩子拜读普鲁塔克的《名人传》，哪能不受启迪呢？然而，老师不能忘了自己的责任，不要让学生仅仅熟记迦太基灭亡的日期，而对汉尼拔和西庇阿的德行一带而过，不要让学生仅仅记住马塞卢斯[1]在哪里身亡，却对他的死因含糊其词。老师不仅仅要教授学生历史知识，更重要的是教会学生怎样正确判断。我认为，这是我们脑筋务必十分注意的内容。我在李维的书中学到了很多知识，别人却没有学到，而普鲁塔克从里面得到的很多感悟，我却没感悟，或许作者本身也不是这个意思。有些人研究的是纯语法，另一些人却是在钻研哲学，从中发掘人类天性中最深的奥义。在普鲁塔克的作品中，有很多阐述微言大义，耐人寻味，我认为他是这类作品的集大成者。但他同时也有很多阐述只是轻描淡写，仅仅为有志于此的人指点大概方向，有时只涉及一个问题的症结就点到为止了。应该把那些议题抽离出来，加以细化铺衍。拉博埃西[2]的《甘愿受奴役》，就发轫于普鲁塔克的一句话，那就是亚洲只向一人屈膝投降，对他俯首帖耳，从未说

---

[1] 马塞卢斯（Marcellus），古罗马著名将领，与汉尼拔作战时遇袭身亡。

[2] 拉博埃西（Étienne de La Boétie，1530—1563），法国作家，法国政治哲学的奠基人、反暴君论的重要代表人物。是蒙田最亲密的好友。

"不"。有的时候，普鲁塔克还从某人经历中遴选一件小事或一句话作为评述的课题，但它们好像不足成为一个议题。令人遗憾，领悟性好的人都喜欢言简意赅，这会使他们声名显赫，但我们同样这么做，就不见得效果多好。普鲁塔克希望我们称颂他明辨是非，而不是博古通今，宁愿激发我们对他的兴趣，而非对他厌弃。他明白，关于好事，人们总是说得过多，亚历山德里达①就曾一针见血，责备那位过度称颂斯巴达法官的人："我的天！外乡人，你用不适宜的方式，说了适宜的话。"身材瘦弱的人填塞衣服冒充肥胖，一无所知的人说个没完假装聪明。

世人通过与世界的沟通联系来增强决断力，希望自己对事物能够明察秋毫。我们每人都局限于自己的视野，目光如豆，只看见眼前这点事。当苏格拉底被问到是哪里人时，他不回答"我是雅典人"，却回答"我是世界人"，他的想象力比我们要宽阔精深得多，他将宇宙当作自己的家乡，把自己的学识传播至整个人类，深爱全人类，与全人类交流，绝非我们的鼠目寸光。我家乡的葡萄园受到冻害时，我的朋友断言这是上苍降罪，同时肯定地说，野蛮民族一定会口干舌燥。看到自己国家出现内战，大家都叫唤全世界都乱成一团了。他们从不反思，比这糟糕的事有的是，可在世界的其他地方，人们依旧过着平静安详的生活。而我，即便战争造成兵连祸结，胡作非为，我却惊奇地发现它们温顺而柔弱。有的人迎头遇到冰

---

① 亚历山德里达，普鲁塔克在《斯巴达箴言集》中提到的一位斯巴达人。

雹，就认为暴风雨肆虐了半个地球。萨瓦人亨利·埃蒂安纳[1]说，若是那位笨蛋法国国王会理财的话，给他的公爵当厨房管家应该可以胜任。埃蒂安纳认为他的主人公爵先生是世界上最伟大的人。我们都会不自觉地犯同样的错误，并且后果严重、损失巨大。可是，只有像观看一幅画时，见识到大自然这位母亲那至高无上的权威，那变幻莫测的万千形态，并且蓦然发现，不只我们自己，就连整个国家的版图都仅仅像一个墨点那么大，我们才能意识到，再大的事物也不值一提。

这个花花世界，如一面铜镜，我们应该揽镜自鉴，为的是更准确地剖析自我；有的人还把它比物连类，使之更加目眩神迷。一句话，我愿让世界成为我学生的教科书。它包罗万象，林林总总的特征、学说、理解、见识、律法和风俗，可以使我们深刻认识自我，意识到自己的理解有哪些偏误和瑕疵，这绝非寻常能学得到的。看到国家多灾多难，这让我们意识到我们个人的命运也不会多么顺利。看到无数的丰功伟绩、攻城略地被历史所遗忘，然而我们自认为捉到几个骑兵、夺取鸡窝一样的战场工事就能青史留名，那就会明白这个想法无比荒唐。当见识到多少外国的奢靡豪侈，多少宫廷的庄严肃穆，我们也会眼界大开，就能对我们自己引以为傲的华丽有正确的认识。在我们前头，多少人已长眠，我们还有什么可怕的，无非到那个世界去寻找知音。凡此种种。

毕达哥拉斯说，人的一生就像一场规模浩大的奥林匹克

---

[1] 亨利·埃蒂安纳，法国人文主义者。

运动会。有的人强身健体，为的是竞赛中取得名次，有的人利益为先，到那里去贩卖各类商品。还有的人——绝非最差劲的——仅仅作壁上观，关注着每件事的进展、结果，注意着别人的生活，并充分借鉴，改进自己的生活。

所有实用的哲学观点都会完全符合以上的示例。哲学就像准则，是人类活动必须触及的。要让孩子知道，

> 我们应该希望得到什么，
>
> 血汗钱应该怎样运用，
>
> 祖国和双亲对我们的希冀是什么，
>
> 上天生我意何如，
>
> 他要我承担什么角色，
>
> 我们为何存在，为何出生。
>
> ——佩尔西乌斯

还要让孩子知道，什么是真正的知道，什么是真正的无知，学习的目标是什么；什么是勇敢，什么是压制与正义；宏愿与贪心、桎梏与顺从、放荡与自由之间差别在哪里；什么是认识真正满足的标准；对死亡、痛苦和耻辱，什么限度的恐惧是正常的，

> 以及应该如何躲避或者承受痛苦。
>
> ——维吉尔

要让他明白什么动力能驱赶我们前行，什么方法能鞭策我们不断转变。因为我认为，为了锻炼孩子的判断力，必须先向他灌注一些东西，能够直接决定他的习性和思维，教导他认识自我，教导他如何死得有价值，活得有意义。关于七种自由艺术，应该从能够让我们自由的艺术开始。

这七种艺术，一定可以让我们学会怎样生活，就像其他任何事物能让我们学会生活一样。但应该挑选其中与我们的生活和事业密切相关的一种艺术形式。

如果我们把生命的附庸制约在适宜准确的区域里，我们就会了解，在所有普适科学里，最精彩的部分是不普适的，即使普适的部分，也有些广泛而深奥的东西是没用的，最好束之高阁，依照苏格拉底的训诫，把我们的学习局限在实用性内。

> 想变成智者，那就赶快行动呀。
> 在生活里踟蹰不前的人，如同
> 等待河床干涸后才敢过河的蠢货，
> 但河水滔滔，奔腾不息呀。
>
> ——贺拉斯

阿那克西米尼写信给他的学生毕达哥拉斯，说道：我身边到处都是死灭和压迫，怎能沉迷于探索天上的星座？当时波斯国王正厉兵秣马，要侵略他的国家，而我们每个人都应该扪心自问：我被阴谋、贪念、莽撞和迷信轮番暴击，何况生活中存在着形形色色的对手，难道还有精力去研究天体的轨迹吗？

　　当孩子从我们的教导中学会了怎样才能变得更聪慧更杰出之后，就可以开始学习逻辑、物理、几何和文学了。他的判断力已经萌发了，无论选择哪门学科，很快就会触类旁通。授课的方法形式多样，可以选择聊天的方式，可以选择解读图书的方式；老师可以让他泛读与课程有关的名家名篇，也可以细致评论精神内涵。如果孩子自己非常不擅长读书，没法发现书中的精妙之处，老师可以有针对性地给他筛选名家，根据不同的意图准备不同的素材，发给学生。谁能否认，这种授课方式比加扎的方式更加便利更不呆板呢？加扎讲课，讲的都是佶屈聱牙、寡淡无聊的原理和泛泛抽象的名词，没有任何可以开启智力且意义深刻的知识。而使用我上述的方式，可以学到太多易于理解和消化的知识。这样长出的硕果必然无比丰茂，也加倍的成熟。

　　令我感叹的是，当前这个时代，现实叫人难以置信，即便极富智慧的人，也片面觉得哲学是个抽象空泛的名词，不论从公论或是从实效看，哲学既没用武之地也没有实用价值。我觉得，原因无非是模棱两可的诡辩把哲学的每条通道都封堵了。把哲学描述成不苟言笑、孤独冷漠的可怕模样，使孩子难以理解，这是无比荒诞的。是谁把哲学真正的面目隐藏在虚伪的面具以下？哲学是无比轻松、无比快乐的，我险些说它诙谐搞笑。它只告诉大家要无忧无虑地活着。在它那里，垂头丧气完全没有存在的必要。语法学家德米特里在得尔福斯神殿遇到一群坐而论道的哲学家，便怀疑地问："我是否搞错了？你们平和欢畅的表情，哪里像在激烈辩论。"哲学议题向来会让钻研者有滋有味、乐在其中，而绝非愁云满面、郁郁寡欢。

> 身体欠安，可以感觉内心的忐忑，
> 但也可以认为内心愉快，
> 因为两种状态都可以从表情看出来。
>
> ——尤维纳丽斯

　　内心有了哲学的位置，就能容光焕发，可以用心灵的健康来增进身躯的健康。内心应该把平和及快活表露出来，用自己的方式来打造身躯的行动，使自己温文尔雅，轻松快乐，醇厚自信。心灵健康最明显的表现，就是长久的无忧无虑，好似月球上的东西，总是心平气和。让那些仆役浑身邋遢的，是三段论①，而绝非哲学本身。那些人仅仅调动耳朵来研究哲学。难道不对吗？哲学无疑可以让大家内心的惊涛骇浪转为安静，教导人们希望快乐，但不是经过某些假设的预定轨道，而是经过顺情顺理而简单确切的推论。哲学以良好的德行为准则，而美德良习绝非课本里描绘的那样，种在人迹罕至的悬崖峭壁上。截然相反的是，那些与美德惯常来往的人，觉得它安身于富庶肥美、草长花开的平原上，从那里俯瞰下面的全部事物，一览无遗。若人们轻车熟路，可以通过郁郁葱葱、开满奇花名卉的道路来到那里，这是一项无比开心的事，山坡坦荡，好似通天的大道。那美德高高在上，华美庄重，温情款款，并

————————

① 三段论，对某些逻辑结构的研究，可以从一些特定前提推论出某个结论。

且极具情趣，勇往直前，它和暴虐、愁苦、恐惧和束缚格格不入，它以天性为向导，和幸运快乐是朋友。可那些人由于从未接近过美德，见识浅薄，把它臆想为愁云满面，强人所难，争执不休，怒气不息，把它放在悬崖峭壁，孤苦伶仃，四面遍布荆棘，这种臆想的面目让人莫名其妙。

　　老师不仅应该教导学生尊崇美德，还应该更用心地教导他尊崇爱情，让美德和爱情充溢于心灵，老师会对学生说，诗人作诗总是依照普适规律，将爱情当作永远的焦点，奥林匹斯山的诸神更愿意在通向维纳斯而非雅典娜的道路上抛洒血汗。当孩子自我意识萌动时，就介绍布拉达曼或昂热利克①给他当情人：一个的美是清水芙蓉，乐观进取，落落大方，虽然不是男人却宽宏大量；另一个的美弱不禁风，无病呻吟，妩媚欲滴，过分做作。一个穿着男孩外衣，头戴耀眼高顶盔；另一个穿女孩服饰，戴有珍珠镶嵌的小软帽。倘若他做的抉择与女人气十足的牧羊人帕里斯②不同，他就自认为他的爱情充满阳刚气。老师将给他上印象深刻的课程，让他明白，美德的真正价值和尊贵之处，在于单纯、有用和快乐，它远离困难千里之遥，不论儿童还是成年人，心机单纯的，还是聪慧通达的，都一学便会。美德采取的手段是劝导，而非强迫。它的第一个骄子苏格

---

① 布拉达曼或昂热利克，亚里士多德的著作《愤怒的洛朗》中性格泾渭
　分明的两位女主人公。

② 帕里斯，希腊神话中的特洛伊王子，在裁判维纳斯、朱诺、密涅瓦三
　位女神谁获得金苹果的裁决中，为了得到美女，把金苹果判给了爱神
　维纳斯。

拉底有意识地放弃强迫的方式，而是顺其自然，简简单单，渐渐地拥有美德。它如同慈母，用心呵护人类的快乐：当它让快乐顺情顺理，也就使它们变得纯真高洁；若是制约快乐，也就会让它们神采奕奕，兴致盎然；倘若它把置之不理的快乐抛除，就会让我们对余下的更感有趣；它把我们天性追求的快乐全都留下，非常富足，我们才能够恣意享用慈母般的体贴，直到称心如意，甚至厌烦（或许我们不愿承认节食是快乐的死敌，它让喝酒的人未醉便停杯，吃饭的人胃还没满便停止下咽，好色的人未得秃发症便洁身自好）。倘若美德缺少一贯的好运气，它就干脆躲避或放手，另造一个完全掌握在它自己手里的命运，不再是左右摇摆、反复不定。它善于成为富翁、强人和学者，睡在富丽堂皇的房间里。它乐享生活，享受秀美、荣耀和健壮。但它独特的使命，就是擅长正当地花费这些金钱，也擅长随时随地丧失它们：这任务与其说艰巨，不如说高贵。失去它，生命的所有历程就会违背正常，风雨飘摇，肮脏卑劣，也就成了仅剩暗礁、波折和荒谬的怪物。倘若这个学生非常奇特，爱听老师讲逸闻趣事，而非记叙一次快乐的旅程或理智的规劝；倘若他的同伴们听到战鼓如雷便慷慨激昂，但他却被街头艺人所吸引，回头去看精彩的表演；倘若他认为栉风沐雨凯旋而回毫无趣味，更渴望在球场或舞池风光无限。若是这样，我无可劝告，只有规劝他的老师趁身旁无人，干脆把他勒死得了，要不就让他去做个做点心的手艺人，即便他身为公爵之子，因为柏拉图教导我们，孩子长大后在社会上立足，不应该凭借家族的势力，而应依靠自己的本领。

既然哲学教会我们生活的知识，既然人们在孩提时期，与在其他各阶段一样，能获益匪浅，那么，为何不给孩子以正确的哲学课程呢？

> 黏土松软湿润，立即行动起来，
> 让轻盈的轮子旋转起来，把它百炼成形。
>
> ——佩尔西乌斯

生命终止时，人们才教我们怎样生活。多少学生还没接触到亚里士多德有关控制情欲的学业，就已经身染梅毒。西塞罗说，倘若他能再活一次，绝不会浪费精力去钻研抒情诗人的作品。我断定那些诡辩家比大家认为的更加可怜和废物。我们的孩子时间宝贵，他们仅仅在十五六岁之前接受教育，之后的人生都投身于实践了。时间如此短暂，尽量让他们掌握必要的课程。给学生灌输艰深的诡辩论是荒唐的，必须把诡辩论从辩证法的课程中剔除，诡辩论对我们改善生活没有任何作用。应该挑选直白的哲学观念，要挑选得恰如其分：相比薄伽丘描述的故事，哲学更易于接受。孩子还在襁褓中，就可以接受通俗直白的哲学，这比拼读和写字更简单。哲学既有适用于老年人的阐述，同样也有适宜儿童的道理。

我同意普鲁塔克的观点。他说，亚里士多德在培养大弟子亚历山大的时候，基本不讲三段论或几何定律，教他更多的是有关勇气、胆量、大度、制欲和勇往直前的训导。等到亚历山大把这些都掌握以后，在他还没有正式成年时，亚里士多德就让他去征战全世界，但仅仅给他三万步卒、四千匹战马和四万二千枚埃居的本钱。普鲁塔克说，关于其他门类的艺术和知识，亚历山大也深表敬慕，称赞它们很杰出，很雅致，可是，依照他的兴趣，他很难萌发将它们在行动中尝试的想法。

> 壮年和老年，请在其中挑选合适的规律，
>
> 挣够行将就木之时的生活费。
>
> ——佩尔西乌新

伊壁鸠鲁在给别人的一封信的起始就写道："但愿儿童不对哲学逆反，老翁不对哲学厌烦。"其中的意思好像是，假如不如此做，不是未得到，就是难再得机会去获得成功。

因为这样，我不想您的孩子被视作囚徒，不想把他托付给一个郁郁寡欢、捉摸不定的老师教育。我不愿意污染他的心灵，让他像其他孩子那样，每天苦读十四五个钟头，像挑夫那样苦不堪言。若是他性格不合群或阴晦，太过埋头书本，而大家明知他这样做太不好却还不阻止劝告，我觉得这很不恰当，这会让孩子对人际交往和更好的娱乐丧失应有的兴趣。我认识很多和我年岁差不多的人一心渴求知识，最后变得呆头呆脑，蠢笨不堪。卡涅阿德斯[①]埋头苦读，神思错乱，忙得都没有剃须和剪指甲的时间。我也不愿意看到别人粗鄙的言行对他

[①] 卡涅阿德斯（Carneades，公元前213—公元前129），昔兰尼人（今属利比亚），哲学家，曾经在雅典学园从事研究工作，于公元前155年之前成为学园领袖。

高雅的举止产生负面影响。原来法国人谨小慎微的个性是远近驰名的，但没有做到慎终如始，没有坚持下来。实话实说，即使时至今日，我们依旧可以感觉到，法国的孩子是鹤立鸡群的，可是，小时了了，大未必佳，他们经常背离大家的期望，成年后，就不再那么非同凡响了。我听到一些卓有见地的说法，认为大人把孩子领进校门，课程泛滥成灾，教育出来的孩子呆头呆脑。

而您家这位公子，书斋、花园、餐厅、卧室就是他生活的全部，独自一人，有人伺候，不管早上还是傍晚，任何时间都是他学习之时，任何地方都是他学习之地。因为他主要学习哲学，而哲学的最大特点就是随时随地都可学习，这对培养他优秀的判断力和习性有好处。在一次饮宴之时，大家请大雄辩家伊索克拉底针对雄辩术介绍几句，他的讲话，至今仍被大家视作箴言："现在绝非我介绍会做之事的机会，现在应该做的，我不擅长做。"毕竟大家参加宴会的目的是为了开怀畅饮，品尝美味，此时向大家阐述怎样使用雄辩术进行演说或争论，显得不合时宜，与氛围不符。其他的门类也不适宜在酒会上讨论。可是，哲学里的一些内容与人的职务或职责关系很大，所有的哲学家在这个问题上有共识，为了言谈的高雅大方，不能抵触在宴会和娱乐时应用哲学。柏拉图的宴会上就有哲学，尽管这里所说的是哲学最崇高最实用的论点，但我们从中得知，它可以随机应变，方式灵活，在既定的时间和地点，都能让在场的人快乐。

哲学对于富人和穷人都很实用，

无论是儿童还是老翁，谁忘掉哲学，谁就要吃苦
果子。

——贺拉斯

所以，毋庸置疑，我们的孩子不会与别的孩子一样无事可做。可是，就像徘徊在画廊里，走的路程三倍于直线距离，却不会疲劳。一样的道理，我们的课程似乎是见到什么就讲解什么，不论时间和地点，与我们所有的言行举止融为一体，将在潜移默化中进行。就连游乐和运动，像奔跑、角斗、音乐、跳舞、狩猎、骑马、兵器演练等，也会成为学习的重要部分。我认为，锤炼孩子心灵的同时，也要锻炼他的落落大方，擅长交流，身体强壮。我们塑造的不是简单的一个内心或一个肉体，而是一个活生生的人，不能把心灵和肉体脱离，就像柏拉图所讲，不能仅仅训练其中一个而漠视另一个，要把它们看得同样重要，就像两匹马套在同一驾车上。从柏拉图的话中可以知道，他并没有过分强调身体锻炼，而认为心灵和肉体不分伯仲，而不是截然相反。

另外，对孩子的教导应该既严格又平和，而不能单纯依从惯常的做法，如果那么做，不会起到激励孩子们读书的作用，事与愿违，会让他们认为读书是很恐惧很冷酷的事情。

我反对使用暴力和强迫的手段。我觉得暴力和强迫最能使孩子变得蠢笨和无所适从。若是你愿意让孩子懂得羞耻和害怕受罚，就千万不能让他变得迟钝麻木。要锤炼他不怕流血淌

汗，不怕严寒、酷热和狂风暴雨，藐视所有危险；教导他在
衣食住行各方面不挑剔，随遇而安，能够适应任何艰苦的环
境。但愿他不是一个软弱害羞，而是健壮开朗的小男孩。我一
直都这么觉得，不论在我的童年、成年还是老年各个阶段。可
是，最让我不赞同的，就是我们绝大多数学校的管理方法。若
是能给孩子多一点的包容，孩子受到的伤害还可能少一些。学
校简直就是一座货真价实的大监狱，专门囚禁孩子。人们责罚
孩子，直到孩子们精神恍惚。您可以去学校转一转：到处都是
孩子的哀号和老师的暴怒。孩子们是多么的柔弱怯懦，为引
发他们探求知识的渴望，老师却手拿戒尺，绷着老脸，强逼
着孩子们低头念书，这是何等残酷的做派呀？这莫非不是非常
偏执、非常危险的吗？关于这点，昆体良 [1] 有着同样的见解：他
明确指出，老师的跋扈独断，特别是体罚孩子，后果严重且危
险。照理说孩子们的课堂本应该用美丽的鲜花铺就，而绝非血
泪斑斑的戒尺！我想让教室里充满欢歌笑语，洋溢着快乐的氛
围，就像哲学家斯珀西波斯 [2] 在他的学校里实践的一样。孩子们
取得成果的地方，应该就是他们游玩快乐的地方。对孩子有益
的食物应该蘸着蜜糖，而对孩子有害的食物则应该苦口难咽。

----

[1] 昆体良（Marcus Fabius Quintilianus，约35—100），罗马帝国西
班牙行省的雄辩家、修辞家、教育家、拉丁语教师、作家。69—88
年教授修辞学，成为罗马第一名领受国家薪俸的修辞学教授，并且是
著名的法庭辩护人。
[2] 斯珀西波斯（Speusippus，？—公元前338），古希腊哲学家。公元
前347年柏拉图去世后，斯珀西波斯成为柏拉图学院的继承者。

令人备感惊奇的是，柏拉图的法律篇中，特别注意身边年轻人的快活和游乐，对他们的赛场竞技、欢歌跳舞都描述得细致生动。他说，这些活动在古代是归阿波罗等神祇来统御和负责的。

柏拉图在谈到体操时，洋洋洒洒，大加铺排，阐明了千百条准则，但对文学却很少特别描写，即使向众人推荐诗歌也好像是为了音乐。

我们的言谈举止，应杜绝任何的矫揉造作和标新立异，因为那是丑陋可笑的，会阻碍我们在社会中的人际交流。

亚历山大的厨房主管得莫丰在漆黑的环境中会汗出如雨，站在太阳底下会体似筛糠。对于得莫丰的特异体质，相信每个人都会惊讶不已吧？有人对苹果味道敏感，一闻到就像被火枪击中，马上就得逃得远远的，有人见到耗子就面如土色，有人一见奶油就干呕难受，还有的人见到拍打羽毛床垫就肠胃不适，就像日耳曼库斯不能见到雄鸡，也害怕听到鸡鸣。或许这里面奥秘很多，但我觉得，倘若早点发现，是可以避免的。受到教育后，我的一些缺点就得到了很好的更正，自然过程很艰难，今天的我，不包括啤酒，吃任何食物都有滋有味。所以，趁着身体没有完全僵化的时候，应该让它适应各种不同的环境。但愿人们能节制欲望，放心大胆地教育年轻人体验各种生活，如果必要的话，哪怕让他体验声色犬马的生活。要按约定俗成的习惯来培养他。他应该可以胜任任何事，而不应该仅仅做喜欢的事。卡利斯提尼斯①因不屑与君王亚历山大一起喝酒而失去宠信，对他的这种所作所为，连哲学家也认为有欠缺之处。我们的孩子要和君王一起玩耍嬉闹，一起花天酒地。我希望即便在享受时，他也要生机勃勃，果敢活泼，比他的同伴更加出色。一旦他停止做坏事，原因不会是他缺乏精力或不拿手，而是自己内心拒绝做。"不愿做恶和不会做恶之间有着天渊之别。"

　　在这里我要向一位贵族表达崇敬之情。他在法国奉公守法，毫无放浪之态，我曾问他，当他被君主委派前往德国，都知道德国人豪饮成性，他是否曾有因为公务需要而喝得烂醉如泥的时候？他答复说他顺时随俗，共喝醉过三回，还将每次都详细作了说明。有些人没有这种才能，所以跟德国人交往时千辛万苦。我经常十分敬仰地留意，亚西比德②有过人的才干，能够既来之则安之，入乡随俗，不怕损伤自己的身体：有时奢侈糜烂赛过波斯人，有时克勤克俭堪比斯巴达人；在爱奥尼亚时，他挥金如土，穷奢极欲，在斯巴达时风餐露宿，好像完全变了一个人：

---

① 卡利斯提尼斯（allisthenes，公元前360—公元前328），古希腊奥林索斯的历史学家之一，亚里士多德的亲戚。他著有包括圣战的专题著作、10卷本的《希腊史》以及《亚历山大大帝的功绩》（均已失传）。他曾陪伴亚历山大大帝进行远征。
② 亚西比德（Alcibiades，公元前450—公元前404），雅典杰出的政治家、演说家和将军。

在阿里斯蒂普眼中，

任何的穿着、境遇、命运都是美妙的。

——贺拉斯

我也想把我的学生培养成这样，

无论他衣着华丽还是褴褛，举止都飘逸洒脱，

褴褛时绝不妄自菲薄，

华丽时也能恰如其分，

我会对他由衷欣慰。

——贺拉斯

此乃我的逆耳忠言。投身行动的人比夸夸其谈的人更能进步。想通了就能听得进去；听进去了也就更能想通其中的道理。

柏拉图的对话中，有人曾说："希望哲学不是学习诸多知识，不是讨论艺术。"

生活的艺术是各门艺术中至关重要的，

学好这门艺术，要凭借生活而不是埋头苦读。

——西塞罗

当赫拉克利德斯·本都库斯被问到从事什么专业和艺术，他回答："我对任意一门专业和艺术都一无所知，可我是一位哲学家。"

有人责备第欧根尼对哲学不懂却干涉哲学，他说："不懂

才能更好地干涉。"

有人约请第欧根尼为其读一本书，第欧根尼回答："您太搞笑了，您选择无花果，一定会选现实中真实存在的，而不会选择一幅无花果的图画，可您为什么不解读书一般的现实，而选一本出版物呢？"

孩子掌握知识，重要的不是嘴里会说，而是实践能做。要在实践中温习所学的知识。我们将查看他举止是否谦虚细心，行动是否公平善良，言语是否温文尔雅和见解独到，患病时是否坚韧不拔，游乐时是否有礼，安逸时是否制欲，对珍馐美酒的口味方面是否考究，理财方面是否条理清晰：

> 把知识作为生活的规则，而不是卖弄的本钱，
> 善于遵照自己，顺从自己的原则。
>
> ——西塞罗

生活阅历是我们言行举止的一面真切可靠的镜子。

泽克斯达姆斯被问到，斯巴达人为什么不把封赏命令白纸黑字写下来，以供年轻人知道，他答道："因为斯巴达人想叫年轻人更擅长于实践，而非夸夸其谈。"等咱们这个孩子长到十五六岁，您就将他和学校里喜欢卖弄拉丁文的学生做个比较：那些学生浪费了同样多的时光和精力，而只学怎么讲话！世界上到处都是侃侃而谈的废话，我未曾见到有人说的话比本来应该说的要少一点，而我们的半生时光都在说话中似水流逝了。我们被逼着浪费四五年的时光听别人念单词，学着把单词

整理成句子；再耗费同等的时光学习怎样写大段行文，学习如何把文章平均分解成几个部分；至少还要花费五年的时间，才能学会很快地将词语融合连贯，进行诡辩。这种事，还是交给赖此为专业的人士专门来做吧。

有一回，我在奥尔良的克莱里一带的平原上偶遇两个来自艺术院校的学者，两人前后相隔五十来米左右。往他们身后不远的地方看过去，有一群人走过来，为首的是已经去世的拉罗希什一富科伯爵先生。我的一位侍从走到前面的那位教授面前，打听他身后的那位绅士是谁，那教授没有回头，没发觉身后除了同伴还有另一群人，诙谐地说："他不是什么绅士，他是语言学家，我是逻辑学家。"但是，我们需要培养的，不是什么语言学家或逻辑学家，而恰恰是一位绅士。让那些学究在文字里面浪费自己的青春吧，我们还有要事可做。希望我们的孩子用知识填满头脑，这样语言就会源源不断，假如语言不想同行，那他就永远将它们带在身边。我经常听见有人用不善言辞为自己辩解，好像学富五车但只因口才不好，经常词不达意。这是搪塞之词而已。您想知道我对此的想法吗？词不达意的原因是他们的观点还没整理好，还在动摇，脑袋里的想法都理不出条理，所以也就无法流利说出来了；甚至他们自己都不明白自己想说什么。有的人说话有点期期艾艾，你就这么想，他就和生孩子尚未到预产期一样，还在怀孕阶段，观点尚未成形，所以表达得吞吞吐吐。至于我个人，我始终坚信苏格拉底的教诲：倘若思维敏捷，条理清晰，肯定能很好地表达心中所想，即使用贝加莫土话①，就算是哑巴，也能使用脸部表情：

> 讨论熟悉的话题，语言一定滔滔不绝。

> ——贺拉斯

就像塞涅卡在他的散文中极有诗意地描述："抓住了事物的本质，语言自然脱口而出。"西塞罗说："事物引出词语。"我们的孩子没有必要精通状语、连词、名词，也没有必要精通语法；他的长随或者河边的卖鱼老太太对语法一无所知，但是，假如您和他们聊天，他们会谈得很精彩，使用语法规范可能非常流畅，能和法国最好的文科高才生相比肩。我们的孩子何必精通修辞，没有必要学习每篇文章都要僵化地用"致公正的读者"来开头，他没必要了解这些东西。我认为，一切精彩的刻画，和质朴低调的真实相比，一定相形见绌。

工巧的词汇只能取得凡夫的欣赏，原因是凡夫不能克化更坚固的食物，就像塔西佗②笔下的阿佩尔所证实的那样。萨摩斯岛的使臣朝见斯巴达王克莱奥梅尼，演讲稿辞藻华丽而篇幅冗长，意思是怂恿斯巴达王对萨摩斯岛的独裁者波利克拉特斯

① 贝加莫土话，贝加莫是意大利北部城市，当地土话被认为是滑稽可笑的。

② 塔西佗（Gaius Cornelius Tacitus，约55—约117），罗马帝国执政官、雄辩家、元老院元老，也是著名的历史学家与文体家，代表作：《历史》和《编年史》等。

发动战争。斯巴达王仔细倾听了使臣的演说，然后答道："我现在记不住你们演讲的开头了，也忘记了中段的话，仅仅记得结尾，可关于结尾，我一点儿也没兴趣做。"我觉得他的回答非常漂亮，那几个口若悬河的使臣非常尴尬，汗颜无地。

还有那个著名的故事，雅典人要建一座大型建筑物，两个建筑师是候选人。第一个竞选时装腔作势，一出场就发表了个华丽的演讲，把他对此项工程方方面面的思考详细论述了一番，为的是获得群众的支持。可另一个竞选人仅说了三句话："雅典的绅士们，刚才那位说的，就是我将要做的。"

西塞罗巧舌如簧，很多人对他十分敬佩，但小加图却不屑一顾，他说："无非是个荒唐的执政官而已。"一个振聋发聩的格言或妙语，不论放到前面还是放到后面，都是合适的。哪怕放到哪个位置都不妥帖，那格言本身就很好了。很多人以为熟悉了格律韵脚，就能写出好诗，对此我很难同意。若是孩子想把一个短音节加长，随他的便，我们时间有的是；只要有超乎寻常的思想，有高瞻远瞩的判断力，我觉得他就是一位杰出的诗人，而非好的韵文作家：

　　他为人高雅，爱好不俗，但写的诗并不朗朗上口。

　　　　　　　　　　　　　　　　　　——贺拉斯

贺拉斯认为，要让作品抹掉一切的拼凑和韵律：

淡化韵律和音步，转变词语顺序，

将首个词挪到末尾；

诗人的肢体就支离破碎了。

——贺拉斯

　　他持之以恒，写出的诗文就会很精彩。米南德①应允了一出喜剧的约稿，但很长时间没有下笔，交稿的日期日益临近，大家责备他，他却说："我一切都准备好了，就剩往里面塞进诗句了。"他已心中有数，所以对余下的细枝末节就轻视了。自打龙沙②和杜贝莱让法国诗享誉世界后，所有孩子学作诗时都学他们那样的拿腔拿调。"声音响亮，内容浮泛。"对凡夫俗子而言，现在的诗人如过江之鲫。他们轻而易举就学会了格律韵脚，但是，在因袭龙沙生动的描述和杜贝莱深刻的思想时，就无所适从了。

　　当然，若是有人用三段论复杂的诡辩手段来荼毒我们的孩子，比方：火腿让人想喝水，喝了就不渴了，所以，火腿能解渴，这种情况一旦遇到，他该怎么对付？他可以置若罔闻。这样做相较任何反击更有用。

　　他可以引用亚里斯提卜那句反诘诡辩的戏谑："既然我被

————

① 米南德（Menander，公元前342—公元前291），古希腊剧作家，被认为是古希腊新喜剧的代表，其剧本多以爱情故事和家庭生活为主题，塑造出性格丰富的人物形象，提倡人与人之间互相真诚宽容相待的社会道德。代表作：《古怪人》和《公断》等。
② 龙沙，法国文艺复兴时期杰出诗人。

绑缚得难受，为什么不解开绳索呢？"有人提议克里西波斯应
该用诡辩来应对克莱安西斯，他答道："你去跟孩子们玩这套
花招吧，不要让成年人的深刻思想误入歧途。"倘若这种荒唐
的诡辩，这种艰深烦琐、变幻莫测的诡辩，想让孩子被一个谎
言欺骗，那就太危险了；但假如这种诡辩对他没有效果，只能
博他轻蔑的一笑，那我认为完全可以让他涉及这些东西。有
些人愚昧无知，为了推敲出一个精彩的字眼，就偏离正途很
远。"还有，他们不是让语句去贴合主旨，而是不着边际，根
据语句去搜寻合适的主旨。"塞涅卡说："有些人为了使用一个
自鸣得意的单词，宁可谈论他们本不想说的内容。"而我宁肯
扭曲一个精彩的格言为我所用，也不愿改变我的思路去接近那
个格言。截然不同的是，文以载道，语句要为主旨服务，贴合
主旨，一旦法语中没有恰如其分的词句，宁肯到加斯科尼方言
中去找。我的意思是内容高于一切，别人听完你说的话，脑海
中充满内容，而不是被词汇吸引。不管是来自纸面的还是出
自嘴里的，我都喜欢天然去雕饰的语言，短小精悍，回味无
穷，而不是苦心孤诣，艰深晦涩：

> 只有能让人震撼的文体才是最好的文体。
>
> ——卢卡努

这样的语言可能难以理解，但并不乏味，不刻意呆板、凌
乱无序、没有逻辑和装模作样；每个字都真真切切；那绝非学
究的教条、僧侣的经文、律师的讼状，而是士兵的语言，正如

苏埃托尼乌斯[1]称尤里乌斯·凯撒的语言是士兵的语言一样，即便我并不了解他所指为何意。

我曾经很熟练地效仿过青年人穿衣打扮的放荡不羁：斜挎着大衣，披风搁在一边肩头，一只袜子拖拖拉拉的，这种异域风情表达了一种眼空四海、无所用心的艺术感觉。但我认为这种风采应用到语言模式上会取得更适当的效果。关于佞臣，一切的做作矫情都是不招人待见的，大家都喜欢无忧无虑、无拘无束。可是在一个君主制的国家里，每一个随从都是按照佞臣的方式来练习一言一行、一举一动的。所以，我们略微自然一点，藐视做作矫情，是完全正确的。

我丝毫不喜欢布上的丝线和线头那么清晰可见，就像一个美丽的躯体不应该看得出筋骨和血管。"真话应该直截了当，绝不做作。"

"只有想装模作样，要不谁会如履薄冰一样地说话？"

我们会被雄辩术迷惑，但却对事物没有任何好处。

用没有任何价值的怪异打扮来吸引大家的眼光，这是怯懦的表现；一样的道理，醉心于标新立异的词句和边边角角的词汇，也是来自一种稚嫩而腐朽的奢念。希望我只使用巴黎菜市场上的语言就够了。语言学家阿里斯托芬就不善于这种门道，他效仿伊壁鸠鲁的言简意赅，认可雄辩术仅仅是因为语言更简明。效仿语言很简单，所以民众会紧随其后；效仿判断和创新，就绝非易事了。大部分读者会因为穿了一个款式的长

---

[1] 苏埃托尼乌斯（Gaius Suetonius Tranquillus，约69或75—130），罗马帝国时期历史学家，属于骑士阶级。

袍，就误以为拥有了一样的身材。

内涵和精气神是无法借用的，外套和首饰才能互相借用。

在我的众多朋友中，多数人的语言如同我的随笔，但我不了解他们的思想是否也和我一样。

雅典人（柏拉图这样认定）侧重语言的典雅和表达力的充沛，斯巴达人则注重言简意赅，克里特人相比语言更重视观点的充分与否，克里特人相比是最好的。芝诺说他的弟子分两类：一类被他称为语史学家，侧重学习知识，这是他最认可的；另一类是喜好华丽词汇，他们重视的是语言。这不是说口才出众不是好事，只是没有实干更好。我恼恨的是我们一辈子的时光都耗费在学习说话上。我首先想熟练掌握母语，还有我时常交流的邻邦的语言。希腊语和拉丁语毋庸置疑是精彩和崇高的语言，但学习起来有些吃力。我下面着重阐述一种方式，比惯用的做法更直截了当，来自我的人生经历、切身感受。有兴趣可以尝试。

已去世的家父曾付出极大心血进行各种尝试，从机敏和渊博的人中，探索一种卓尔不群的教学方法。他发现了常见的教学缺陷：他被告知，古罗马和古希腊人轻而易举就能学会的拉丁语和希腊语，我们现代人学起来非常吃力，这是我们难以企及先贤那样崇高心灵和广博学识的唯一原因。我对此不以为然。不管多难，先父还是想出了对策：我还在襁褓中，还未牙牙学语，他就把我托付给了一位不通法语、却能流利掌握拉丁语的德国人。此人后来成了远近驰名的大夫，在法国客居直至去世。我父亲专门高薪延请此人来到我家终日抱着我。另聘两位学问稍逊的学者和他一起工作，每天从早到晚看着我，好分担一点那位德国人的压力。他们每天只用拉丁语和我交流。至于家庭其他成员，定了一个不能违抗的家规：我的父母双亲、家奴婢女，在我身边时，尽可能使用他们新学会的拉丁语和我交流。这个做法取得了令人惊叹的成就，每人均获益良多。我父母学会了常用的拉丁语，能够听懂，甚至还可以和别人闲谈，而我的几个侍从也一样。就这样，家庭之间日常用拉丁语交流，并且波及了毗邻的村子，甚至一些小手艺人和用具的拉丁语叫法在那里传开了，时至今日还在使用。对于我，直到六岁，很少听到法语或佩里戈尔方言，甚至不会多过阿拉伯语。所以，不用刻意的教导，不用书本，不用专门传授语法或章程，也没有教鞭，没有痛哭流泪，我耳濡目染地就掌握了拉丁语，而且和我学校教师的拉丁语一样的纯正，因为我很难将拉丁语同别的语言掺杂起来，也很难说得走样。倘若老师想按中学普遍的教学方法，尝试着让同学们把母语翻译为拉丁语，给别的同学的是法文，给我的却是用糟糕的拉丁语写就的文章，我很快就能把它更正为纯正的拉丁语。我的家庭老师，比如写了《论罗马人民集会》的尼古拉·格鲁奇，论述亚里士多德的纪尧姆·盖朗特，苏格兰著名诗人乔治·布卡南，他们经常和我说，我童年时讲拉丁语就十分流畅自然，甚至他们和我交流都不敢用拉丁语。布卡南后来扈从现已去世的德·布里萨克元帅，我面见他的时候，他和我说，如果他今后写孩子的教育问题的文章，一定会用我作示例。那时，他是德·布里萨克伯爵的家庭老师，这位伯爵性格英勇刚毅，最后牺牲于疆场。

　　说到希腊语，我简直一窍不通。父亲决心采用人为的方式教导我学习希腊语，但实施的是一条全新的道路，将教育融汇于玩耍和训练之中。我们将一个词的变格当作球一样抛来抛去，如同一些人采用下棋的方式来训练数学和几何。因为有人劝导我父亲，不能用强逼的手段来教导我学习知识和体验义务，得先培养我自我的学习欲望，要在春风润物和悠然自得中塑造我的心灵，而不能采用冷酷和桎梏的手段。有些人觉得，清晨将熟睡中的孩子粗鲁地骤然吵醒（孩子的睡眠比我们要香），会侵扰孩子稚嫩的脑子，我父亲对这个说法深信不疑，每天清晨用平和的乐器将我唤醒，我的床头从没有缺少过给我弹奏的乐手。

　　通过这一范例就能断定今后的成就，并且必须对我的这位好父亲的审慎严谨和舐犊之情给出高度的肯定；倘若说付出了这么认真精细的耕种，但缺乏与之相称的收获，那就绝非他的过失了。造成达不到预期成果的原因无非两个。一是土地瘠薄和缺乏天赋。即便我身体健壮，可我性格温柔平和，总是打不起精神，力不从心，大家不能让我脱离百无聊赖的形态，除了让我去玩。我总是能领悟得极好；有着这样慵懒的个性，我萌发出超越年龄的大胆设想。我的思想进步很慢，只是随着别人的指点前行；我的领悟力缓慢从容；创造力没有新意；还有，我的记忆力之差令人叹为观止。所以，我父亲没能收获一点儿有价值的成绩，也就可以理解了。第二个原因是，我父亲十分害怕他梦寐以求的事前功尽弃，他就像慌不择路一样，最终也顺从流俗，学那些笨蛋的方式，当那些从意大利请回来的启蒙教育者们从他身边离去以后，他就逐渐屈服于大众风俗，在我六岁的时候将我送到居耶纳中学 ①。这所学校当时如日中天，是法国最好的中学。在那里，他动用关系给了我特别的关照，给我挑选了充足的辅导教师，对我各个方面的教育都格外关切，一些违反学校校规的特殊关照也为我个人单独保留。但这里终归是学校。我的拉丁语能力日渐衰退，由于丧失了说的环境，我也就放弃它了。我童年受到的这种全新的教育方式，只帮了我一次忙：我入学直接来到高级班，当我十三岁中学毕业时，我已完结了所有学业（大家叫它为学业），可实际上，那些学业对今天的我没有任何用处。我首次对书籍有兴趣，是奥维德所著《变化》。那时我也就七八岁，我暂时抛开了其他所有乐趣，沉醉在这本书的世界里；而且拉丁语是我实际意义上的母语，还有，这本书是我所知的最通俗易懂的，内容来说，也是最吸引我这个年龄的孩子了。别的孩子读那些乌七八糟的书读得津津有味，比方《湖中的朗斯洛》《阿马迪斯》《波尔多的于翁》，我对这些书名一无所知，更甭谈内容了，我选择书籍是非常严格的。阅读完了奥维德的著作，我很难投入其他预定的学业，上课更显得萎靡不振。幸运的是，我凑巧碰到了一位开放旷达的辅导老师，他遇事变通，对我的这种逾矩行动以及其他相似的事一向网开一面。我接着又马不停蹄地读了维吉尔的《埃涅阿斯记》，还有泰伦提乌斯、普劳图

---

① 居耶纳中学，始建于 1533 年，校内的教师学识渊博，宽厚包容。

斯还有意大利的喜剧，我完全沉浸在优美动听的内容里。倘若那位老师循规蹈矩，阻止我看这些书，我会觉得学校给予我的应该仅剩下对书本的厌恶了，就像我们的贵族子弟通常所处的境遇。他伪装得很高明，当作什么都没看见，以便我暗中饕餮地读着这些书，这样就更加激发了我读书的强烈意愿，而对于其他预定的学业，他一向和蔼地教导我完成。我父亲为我挑选家庭老师时，更看重那些人谦虚敦厚的品行，所以，我的缺点也就是懒散懈怠。危险的不是我为非作歹，而是一事无成。没有人预见我会作恶，而是预见我碌碌无为，不是预见我虚伪狡诈，而是预见我不务正业。

我的经历恰如长辈所预言的。我耳朵里总是听到这样的抱怨："一事无成；对亲友袖手旁观，对公务不闻不问；太特殊。"最不公允的人不是说："为何是他拿了？为何他没付钱？"而是说："为何他不减免债务？为何他不赐予？"

人们要求我如此这般无私地奉献，这我同意。但是，他们命令我做不应该做的，却不强迫自己做应该做的，这就不太公平了。当我为别人奉献时，那是我愿意这么做；我天生不喜欢被迫做善事，因此我如此做更应该受到表扬。我为什么要舍弃我的权益或债权？越是我个人的财产，我越要自我掌控。但是，若是我很想让自己的行为精益求精，或许我会强有力地驳斥他们的无端责备，我会当着一些人说，我对你们的得罪还远远不够，我还能够冒犯得更多一些。

然而，与此同时，我的内心依然洁身自好，围着它所明确了解的事物，会产生顽强的激动和公正而直率的见解，心灵孤独地将它们吸收，不与其他人沟通。并且，我对自己心灵的坚韧深信不疑，它万不会屈服于淫威和压迫。

我在努力扮演着属于我的各种角色时，是否可以炫耀一下我自小就有的本事：自信的表情、琅琅的语音和机敏的举止？毕竟年龄尚幼，刚刚十二岁，我就参加了布卡南、格朗特和米雷等大家的拉丁语悲剧，并饰演主角。那些喜剧曾经上演于居耶纳中学。在这方面，安德烈·戈维亚校长无与伦比，称得上是法国最杰出的中学校长，就像他在履行职务的其他方面所体现的卓越才干一样。我被当作精通此业的内行人。我很提倡贵族子弟出演戏剧，他们将此当作一种娱乐。我发现我们的君主也效法先贤，沉浸其中，这种行为值得称颂。

在希腊，地位崇高的人也被允许称为专业演员："他（谋反罗马的安德拉内多尔）向悲剧演员亚里斯顿泄露了图谋。后者贵族出身，家资优渥，他的演员身份对他没有丝毫影响，因为演员在希腊是很正当的职业。"

我一直觉得，嘲讽以演戏为职业的行为是非常没有礼貌的，禁止才华出众的演员来到我们的城市，褫夺人民公共娱乐的权利，这种决策是非常糟糕的。出色的管理不但要允许把公民召集起来举行庄重的活动，同时也要参与娱乐活动，如此才能密切人与人之间的沟通和友情。其次，没有什么娱乐活动，能比全民参与，乃至行政长官从旁看管的消遣更规范了。我觉得，行政长官和君主时常自己出资与万民同乐是非常英明的做法，这表明了爱民如子和宽广胸怀。在人口密集的城市，应该具备专供演出戏剧的大众舞台，还可以存在一些更坏的隐秘的欢娱活动。

　　闲话少说，回归主题。只有如此，才能充分调动孩子们阅读的渴望和热忱，要不，教育出来的无非是背着课本的笨蛋，鞭笞才能让他们保管好装满知识的皮囊。知识必须和我们融为一体，而不单单是我们的租客，这才是正确无误的方式。

第十章
以自己的水平来断定正误是荒唐的

　　人们认为见异思迁和缺乏主见的原因是单纯和糊涂，这或许有些道理。以前我好像听到一种说法，"确信"就像在我们内心上烙下的一种痕迹，越是怯弱和难以抵挡，就越能烙下痕迹。"就像天平哪一端加了砝码，就会倾向哪一端，思想一定会偏向显露出的事实。"内心空空如也，不存在平衡的砝码，就能轻而易举地相信，都不用再强调一遍，思想就有了明显的倾向。这就是为何孩子、女人、凡夫俗子和病患相比别人更加没有主见。可是，另外的角度，把我们觉得不像是事实的事物，就认为是荒谬的，横加指责，不屑一顾，也是愚昧的盲目自信，这是骄傲自大者的普遍毛病，其中包括从前的我。当我听到议论鬼魂作祟、占卜打卦、巫蛊神术，或说了一件我闻所未闻的事：

　　　　梦境、妖术、奇观、女巫，

> 暗夜的精灵，色萨利 ① 的奇谈。
>
> ——贺拉斯

我就由衷感到轻信这些荒诞不经的事，是多么的可怜，值得同情。但现在，我认为那时候的我也同样是可悲的，不是由于打那以后，我的亲身经历否定了我最初的观点（这不关系我的猎奇心），而是理智告诉我，倘若冒昧地谴责一件事是虚幻的，是不合现实的，那么，我们的母亲——大自然的意志和能量在我们心中就有了局限性。世界上的愚蠢行为，最大的就是以我们自我的水平来预测大自然的意志和能量。倘若把我们无法置信的事就叫作妖怪或奇观，那么，世界上的妖怪或奇观就太多了。我们可以设想，我们认识、理解所能接触的大多数事物，要穿越多少障碍，耗费多少探索！结果我们会明白，我们之所以看透了事物身上的谜团，与其认为是科学，还不如认为是习惯。

> 现在人们司空见惯，
> 没有人再因他头顶上有耀眼的宫殿而惊奇。
>
> ——卢克莱修

但是这些事物，一旦重新在我们眼前出现，我们仍会感到它们一样的不可思议，甚至更加难以理解，

---

① 色萨利，希腊北部地区，环境闭塞，远离希腊社会生活的主流。

一旦有一天，它们向民众呈现，

蓦然出现，就在眼前，

就会成为最妙不可言、最神乎其神的东西。

——卢克莱修

连河都没见过的人，初次见到河，会误认作海洋。我们经常把一类物品中，自己见过最大的，一口咬定是世界上最大的，

所以，一条小河即便寻常，

未见过更大的河，难免视它如沧海。

万事万物亦复如是。不论什么种类，我们见过较大的，就误以为是最大的。

——卢克莱修

"见惯的事物，我们会认为它不足为奇；寻常的物体，我们不会惊异，不会想着盘根问底。"

激发我们刨根问底好奇心的，认为是事物大小如何，还不如说是事物新奇与否。

对于大自然的无穷威力，要由衷崇拜，对于人类的愚昧和缺陷，要深刻理解。很多事好像不可思议，却被众多证据所验证；哪怕我们很难轻易地深信不疑，但最起码不要过早地下定论；假如咬定它们绝对不可能，也就同时暴露了自己意识上的局限性，这就是固执己见、眼空四海。倘若我们意识到不可能

和很稀奇、违反客观规律和违反通常认识之间不能画等号，不盲目轻信，也不坚持不信，也就遵照了奇隆①的"做任何事也不过头"的准则。

阅读傅华萨②的《闻见录》，我们会注意到，卡斯蒂利亚国王让在朱贝罗特惨败，第二天消息就传到了驻守贝阿尔的富瓦克斯伯爵耳朵里，但他得知消息的方式，虽然作者谈及，但我们却一带而过。可能这些证人威信不够，不值得我们的信任。倘若普鲁塔克不仅引证古代一些历史外，还很自信地宣称，在图密善③君临时期，安东尼乌斯④在德国惨败的军情当天就传得沸沸扬扬，可罗马数日后才颁布；如果凯撒认为流言经常散布在事件发生以前，那么，我们很可能就会认为这些人思想单纯，和普通百姓一样受人蒙骗，不如我们明察秋毫。老普林尼⑤多谋善断、头脑敏锐，简直超群绝伦，他对一件事下判断时，是最实事求是的。姑且不论他知识渊博，我对这些说得很少：不论判断力还是知识，我们谁能及得上他？但是，任何一个学生都能够证明他撒谎了，都有给他讲讲博物史的冲动。

---

① 奇隆，古希腊七贤之一。

② 傅华萨（Jean Froissart，约 1337—1405），中世纪的法国作家。作品既包括短抒情诗，也有较长的叙事诗。

③ 图密善（Domitian，51—96），继承父亲维斯帕先与兄长提图斯的帝位，为弗拉维王朝的最后一位罗马皇帝。

④ 安东尼乌斯，日耳曼总督，反对图密善而叛乱，但最后被镇压。

⑤ 老普林尼，古罗马著名作家，代表作《博物志》37 卷。

对自己不理解的事不屑一顾，不但愚蠢和草率，甚至会带来不测和难料的后果。你依照自我出色的判断水平，分辨出了真相和谎话，但有时，你肯定会相信一些事，而这些事比你不相信的那些事还要匪夷所思，如此一来，你就已经无形中放弃了你设立的真假的边界。一些人在向敌人妥协、舍弃一些有争议的规则时，有意做出很谦和、很在行的模样。但却不知道，面对冲上来的敌人，任何撤退，都会有利于敌人，他们会贪得无厌，步步为营，何况，他们认定轻如鸿毛，所以选择妥协的规则很可能事关重大。要么全部遵守，要么干脆放弃。我这绝非无稽之谈，我是有亲身体会的。可以静下心来想一想，我们自己的观点时常会自相矛盾。很多昨天被视作人生的准则，今天就改头换面，变成谎言。虚荣心和猎奇心是我们思想的两大危害。猎奇心诱使我们到处插手，虚荣心则要求我们必须解决所有的疑难。

第十一章
论友情

　　我在饱览一名画家朋友给我画画的手法时，萌生了效法的念头。他选定墙壁最中心亦即最显眼的位置，拿出全部才华，投入全部精力画了一幅油画，然后将周围的地方堆砌涂鸦一样的装饰画，这些装饰画看上去变化多端，新鲜奇特。我写的这些散文算什么呢？和涂鸦一样的装饰画没有什么区别，怪异的身躯，拼凑不同的四肢，面貌不固定，顺序、衔接和比例都是信手拈来的。

　　　　一个美人鱼的身躯。

——贺拉斯

　　我和画家朋友对待第二部分的态度很类似，但对待首要部分，我还有很多不足，可能我水平不够，描摹不出精彩、典雅的艺术图画。我曾想借用拉博埃西的思想，这样我文中的其他内容也能增色不少。那是一篇论文，拉博埃西起了名字：《甘愿受奴役》，但后来有人由于不了解作者的命名，而另起新的标题：《反独夫》。那时候，拉博埃西年少有为，将这篇论文写成评论，弘扬自由，鞭挞独裁。自此，这篇评论被很多睿智的人争相传阅并极得推许，因为这无疑是一篇很杰出很系统的文章。我们甚至可以说这是他最好的作品；但是，倘若在我结识他以后，他能像我一样有意写出自己想说的话，那样，我们就能够看到更多堪与先贤经典相比肩的大作了，因为在这方面他的能力卓尔不群，在我认识的所有人中，没有谁能与他相比。遗憾的是，他身后流传的，也仅仅这篇论文了，而且还是无意中留下的，我觉得论文脱手以后，他没有再见过它；还有几篇描写国内战争的论文，大概会出版。他遗赠给我很珍贵的纪念品，这些是我从中能够回收的所有东西了。他在生命垂危之时留下遗言，满含爱心地将全部藏书和文稿留给了我。另外，我还获赠了他的论文集，是我托人将它们付梓出版了。但是，我要万分感激《甘愿受奴役》；幸亏有它，我和拉博埃西才开始了第一次来往。我在结识他之前，早已阅读过了，而且首次听到了作者的大名，自此，我和拉博埃西的友谊开始了。既然这是上天的恩赐，我们就全心全意呵护着我们之间的友谊，使之如白玉无瑕。我敢断言，这样的友情是很难得的，在之前历史中是没有先例的。这要无数次沟通交流才能培养起来呀！三百年里能有一次就算是人生大幸了。

我们交朋友的热忱无与伦比，这归功于我们的天性。亚里士多德认为，优秀的立法者对公平远没有对友谊更热心。但是，我和拉博埃西拥有的是完美无缺的友谊，毕竟友谊各种各样，一般靠热情或利益、民众需要或个人需要来确立和维护；

友谊越是夹杂自身以外的其他因素、图谋和好处，就越不单纯美好，就越偏离友谊本身。

从古至今，友谊可分为四种：亲缘的、交际的、招待的和异性情爱的，不论它们是单独出现还是互相结合，都偏离了我所说的友谊。

子女对父亲的感情，更多的是一种尊敬。友谊离不开沟通，父子之间做不到平等相处，很难有这种对等的交流，友谊反而会妨碍父子间的自然而然的责任。父亲有不能让孩子知道的秘密，顾虑孩子对父亲太过随意而失去应有的规矩；孩子也很难向父亲提出不满，面议父亲的过失，而这却是友谊至关重要的责任。以前，在很多地区，按照风俗子要弑父，在另一些国度里，却是父需杀子：这都是扫除障碍的需要，可见，一方的生存意味着另一方的消亡。古代许多哲人就对这种天生的亲情不屑一顾。亚里斯卜提就这么认为：当被质问是否因爱子才生子，他冷漠地回答，若怀的是虱子或虫子，他同样会生下它们。还有一个例证，谈到兄弟之谊，普鲁塔克说道："即便我们是一母同胞，但我却毫不在意。"事实上，兄弟这个名词充满着纯真及怜爱，我和拉博埃西的友情算得上是同胞之谊。但是，财富的集中和分散，一个人的阔绰使另一个人赤贫，这些都会很大程度地减弱和消弭这种同胞之谊。兄弟们狭路相逢和同个饭碗谋食，不可避免会常常抵牾。但是，那种纯真和完美友谊的关系，兄弟之间又为何会产生呢？父子的性格可能大相径庭，兄弟之间也是同样的道理。这是我的儿子，这是我的父亲，可他乖戾歹毒，他是个坏人或笨蛋。何况，越是天然规矩和责任硬塞给我们的友谊，我们的个人意愿就越少。个人意愿萌发的是友善和情谊，没有别的什么东西。在这方面我的体会尤深，即便我曾拥有天下最好最宽厚的父亲，他全始全终，直到咽下最后一口气；我的家庭以父子情深远近驰名，在兄友弟恭方面也称得上是楷模，

> 我如慈父一般地疼爱弟弟，获得了交口称赞。
>
> ——贺拉斯

将爱情和友谊两者做对比，即便爱情发自我们个人意愿，但也无法提高到友谊的高度。我认可，爱情火焰更灵动、更猛烈、更炽热，

> 由于爱神看透了我们，
> 把甜美的哀愁混入了她操劳的事情里。
>
> ——卡图斯

可是爱情是一种见异思迁、无可捉摸的感情，它炽热鲁莽，起起伏伏，时冷时热，将我们玩弄于股掌之上。相对而言，友情是一种普及和寻常的热情，它温和妥当，平静沉稳，历久弥新，它快乐而雅致，不会带给人们悲情和哀愁。再说了，爱情仅仅是一种狂热的情欲，越是逃避的东西越是强求：

> 就像猎手搜捕野兔，

不论冰雪或炎夏，

哪管崇山和深渊，

只为捕捉逃跑的猎物，

一旦到手就再不珍惜。

——阿里奥斯托

爱情只要进入友情的阶段，意思是说，进入两情相悦的阶段，它就自然衰退和消散。爱情是以身躯获得快感为目标，一旦拥有了，就消失不见了。友情恰恰不同，越被期望，就越被享受，友情会在拥有之后继续提高、增多和兴盛，因为它是精神世界的，内心会随之更纯净。在如此美好的友情下面，我也曾经经历过轻浮的爱情，我想避免继续深入这个话题，上面的诗句已经将爱情说透了。所以，这两种感情都曾经在我身上停留过，它们相互识别，但从不攀比；友谊锲而不舍地走它的路，它在高空盘旋，威风凛凛，不屑地睥睨着爱情在它脚下顽强走着自己的路。

关于婚姻，那只是一场买卖，仅仅投入是随便自己的（它的期限是不由自己决定的，不决定于我们的个人意志），向来是因为其他的意图才进行这场买卖的，除此以外，还要解决无数种无关系的繁杂纠纷，它们能够造成关系破碎和干扰激烈的情感。但友情仅仅出自它自身，不牵涉其他买卖。何况，实说实说，女人通常难以满足于这种圣洁的关系，她们的心灵也缺乏坚韧，难以忍受这种把人长久羁绊的密切关系。倘若情况不是这样，倘若能够塑造一种心甘情愿和无拘无束的关系，不但灵魂可以彼此全部拥有，并且躯体也投入到这种结合，男人全心全意地投入，如此一来，可以断言，友谊会由此而更充实、更完美。令人怅然的是，没有能够证实女人可以办到这点的先例。古代不同的哲学流派普遍认为，女人是无法融入友谊之中的。

希腊人另一种放浪的爱情形式毋庸置疑地被我们的风俗所不齿。但是，那种爱情形式也不贴近我们这里所提出的完善和对等的结合，因为通常情人间的年纪和身份一定天差地别："这种友情一样的爱情到底是什么？为什么有人不爱肤浅的青年，也不爱风神隽永的老翁？"柏拉图学院对它的形容，并非如我所认为的那样否定这点。他们的意思，维纳斯的儿子在情人心中激发起对年轻翩翩少年的第一次陶醉，只是以身躯的伪装——迷人的外貌为根基的；他们认可这种疯狂的沉醉而无所顾忌，就像无法自拔的欲望会萌发的那样。对翩翩少年的第一次陶醉不会是以精神为根基的；精神恋情刚刚萌发，尚未完全显现。倘若一个内心丑陋的人迷恋上一位年轻人，那他追求的方法无非金钱、礼品、高位厚禄，还有其他各种便宜的商品，这才是柏拉图派哲人们痛心疾首的。倘若是一位品性高洁的人，采取的方式也是高雅的：教导对方哲学，教导他遵照法律、为了家国事业而牺牲，这些都是勇敢、小心、公平的重要体现；追求者要努力做到品质高洁、心灵崇高，就更容易被接受，毕竟他的体貌早已不复光鲜，他渴望利用这种精神的沟通塑造一种更结实更良久的关系。当追求修成正果，被追求者就希望通过内心的崇高设想出一种精神的东西（柏拉图派并不苛求追求者表现得从容不迫、谨言慎行，却要求被追求者做到这些，因为被追求者要断定一种心灵的美，鉴识和觉察是极其困难的）。被追求者在下决心时，首先要注重心灵美，而肉体的美是附庸和不起决定作用的，这和追求者的标准截然相反。所以，柏拉图派更偏爱被追求者，而且证明奥林匹斯诸神也偏心被追求者。他们口诛笔伐诗人埃斯库罗斯，认为在阿喀琉斯[①]和帕特洛克罗斯[②]的爱情中，年少有为、朝气蓬勃的最骁勇的希腊人阿喀琉斯不该是追求者的角色。精神的整齐划一是爱情最关键最有威严的部分，柏拉图派哲人觉得，精神整齐划一发展的结果对于个人、对于国家都大有裨益；这种精神的整齐划一，彰显国家的实力，是公平和自由的关键维护者。哈莫狄奥斯和阿里斯托吉顿[③]两人纯洁的爱情就是示例。但是，柏拉图派认为精神的整齐划一是圣洁和登峰造极的。他们认为，它的对手是独夫民贼的残暴和民众的妥协。归根结底，柏拉图哲学的爱情观可以归纳为：爱情的结果在友谊中存在。这一观念，和斯多葛派关于爱情的观点所见略同："爱情属于一种赢得友情的试探，当某人迷人的外貌让我们沉迷时，我们就渴望获得他的友情。"

回到我对友情的描述上，这次更公允："要等到性格沉稳、

——————

① 阿喀琉斯，希腊神话著名英雄。

② 帕特洛克罗斯，阿喀琉斯挚友，因身穿阿喀琉斯盔甲而被敌人误杀，阿喀琉斯为其报了仇。

③ 哈莫狄奥斯和阿里斯托吉顿，两人一同密谋反对雅典暴君，同遭被捕杀害。

真正成熟时，才能对友情做出完美的论断。"

另外，我们平时所说的朋友和友情，仅仅指由于心意相连的机会所造成的密切沟通和紧密关系。而我所说的友谊，心有灵犀，互相契合，并且契合得浑然一体，无隙可乘。倘有人诘问我喜欢他的原因，我会很难说清，只能回答："只因是他，只因是我。"

除了我可以言明的道理以外，还有一种玄之又玄和冥冥缘分的力量将我和拉博埃西紧密相连在一起。在第一次见面以前，就久闻对方的大名，我们就开始了互相寻找，就难以言表地相互建立了好感。大概是天命难违吧。仅仅用名字我们就互相引为朋友了。一次巧合，我们都应邀出席了某次政府的重大节日，席间我俩第一次碰面，一见倾心，视为知音，从那天以后，我们的心真正走到一起了。拉博埃西一首发表的优秀的诗，是用拉丁语写就的，在诗中，他重点阐明了我们之间的友情，解释了为什么能够迅速升温至完美的程度。我们见面时都已成年，他比我年长几岁，我们的友情开始得已经比较迟了，不能再来日方长地耽误了，所以，必须避免拖泥带水、循序渐进、消耗精力，必须避免如普通人那样互相试探，先要开展长时间的交流。我们的友情与众不同，没有前例可供参考。这绝非一个、两个、三个、四个、成百上千的独特的因素，而是全部因素融会贯通的一种难以言表的精华，它紧紧抓住了我的全部精神，将我的精神水乳交融至他的精神中；它也抓住了拉博埃西的全部精神，将他的精神水乳交融至我的精神中，孜孜不倦，心有灵犀。我说水乳交融，可是不容置疑的，我们所有独有的东西都消失了，再也分不出哪些是他的哪些是我的。

罗马执政官们审判提比略·格拉库斯[1]后，大肆株连，逮捕了其大量亲友，其中包括他的挚友凯厄斯·布洛修斯。莱利乌斯[2]在罗马执政官面前，问布洛修斯愿为格拉库斯做哪些事，后者答道："所有。"莱利乌斯又问："什么？所有？如果他让你放把火烧掉神殿呢？"布洛修斯驳斥说："他从没下过这种指令。"莱利乌斯又问："如果他真的下这种指令呢？"布洛修斯回答道："我无条件服从。"史书评论，若他算得上是格拉库斯的挚友，他完全没必要用这种耸人听闻的回答来惹怒执政官，应该坚持认定格拉库斯不会下这种命令。但是，谴责这种回答极具蛊惑性的人，难以知晓个中玄妙，也很难理所当然地认为自己更明白格拉库斯的意志，他俩的友情是一种力量，也是心意相通的。他们是真正意义的挚友，而非普通意义上的兄弟，绝非亲善或者仇恨国家，绝非唯恐天下不乱的朋友。他们无比信赖，相互敬仰。你可以用品行和理智来尝试驾驭这种惺惺相惜的鞍辔（如果不然，就无法控制丝缰），你就能体会布洛修斯如此回答是合情合理的。倘若他们的步调不一致，那么，不论按照我的准则，还是按照他们的准则，他们就

① 提比略·格拉库斯（Tiberius Gracchus，公元前 168—公元前 133），古罗马政治家，平民派领袖。常与其弟盖约·格拉古合称为格拉古兄弟。作为平民保民官，他发起了一场旨在将贵族及大地主多得的地产分给平民的改革。
② 莱利乌斯，古罗马政治家。

称不上是朋友了。何况，换作是我，回答也会一模一样。假如有人问我："如果您的精神下令您杀死亲生女儿，您会下手吗？"我会回答是的，因为即便这么回答，也不说明我会真的下手，我对我的精神深信不疑，也对一个真正朋友的精神言听计从。我对我朋友的精神和观点是毫不怀疑的，人间一切理由都无法动摇我这个信仰。我朋友的举动，不论做出了什么不可思议的事，我都能马上找出它们的意图。我们的内心志同道合，无比信赖，我们的感情已经深入骨髓，所以，我明白他的心灵就像明白我自己的心灵一样，不但如此，并且，我对他的信赖胜过对我自身的信赖。

请莫把普通的友情和我所谈的友情等量齐观。和大家一样，我也有过这种普通的友情，并且是最尽善尽美的，但我劝大家千万分清标准，要不就会出错。在普通的友情里，前行时要紧攥缰绳、如履薄冰、谨小慎微，时刻都要预防决裂。奇隆说过"深爱他时要随时想到将来某一天要憎恨他，憎恨他时要随时想着将来有一天会深爱他"这一格言，对于我谈的那种登峰造极的友情来说，是非常可恨的，但对于寻常的友情，却是逆耳箴言。亚里士多德有句金玉良言用在普通朋友这里非常恰当："啊，我的朋友遍天下，可缺少一个真正的朋友！"

利益和服务能够滋生其他种类的友情，可对于我所谈论的至高无上的友情，这都不值一提，因为我俩的精神已是浑然一体。有必要，我也会求助朋友，但不论斯多葛派怎样说，我们双方的友情绝对不会由此而增多，我也从不由于朋友的帮忙而暗自欣慰。所以，这种朋友的结合，才是无懈可击的结合，他们彻底忘掉了义务的存在，对于那种能引起争议与不和的字眼，如好处、义务、感恩、恳求、道谢等，他们特别厌恶，并且将它们从友情里面赶出去。其实，他们两者的所有——希望、想法、观点、财富、妇女、孩子、荣耀和性命——都是共用的，他们的合二为一，按照亚里士多德的精确定义，是两个身体共用一个灵魂，所以，他们无法馈赠或赋予对方什么东西。正因如此，为了让婚姻和这一圣洁的友情有零星幻想的相似，一般法律不准夫妻之间订立赠予的文书，意义就是由此推论，所有的一切均是夫妻双方共有的，不存在单独分开的东西。在我所说的友情中，倘若一方能够馈赠另一方，那么，接受赠予的一方就是给了对方恩赐。由于双方都一心为对方着想，这愿望是无比强烈的，如此一来，提出做好事契机的人便是开朗阔达的人，赞同朋友对其做想做的事情，等于向朋友施恩。哲人第欧根尼拮据时，他从不说向朋友借钱，而说向朋友讨还欠款。为了验证这是事实，我要举一个从前的非常传奇的示例。

科林斯人欧达米达斯一生有两个挚友，分别是西锡安人卡里塞努斯和科林斯人阿雷特斯。欧达米达斯穷困而死，但他的两个挚友却非常富足，他死前订下遗嘱："我将老母亲生前赡养和死后殡葬的义务遗赠给阿雷特斯，将我女儿的终身大事遗赠给卡里塞努斯，让他尽心竭力地为我女儿配送一份丰厚的妆奁。他们中倘有一人故去，尚在人世的另一人接续所有义务。"看到这样的遗嘱，周围人都认为不可思议。但是他的受赠人知道消息，却慨然应允。其中的卡里塞努斯，仅仅五天后不幸去世，他的义务就转交给了阿雷特斯。他尽心奉养挚友的老母，并将其所有财产，拿出一半给自己的亲生女儿作为陪嫁，另一半果然分给了挚友的女儿，并同时为两个孩子举办了盛大的婚礼。

　　这个示例足以阐明道理，但仅仅有一点儿瑕疵，那就是朋友的数量有点多。我所谈的那种白玉无瑕的友情，是浑然一体的；双方都将自己毫无保留给了对方，没有留下任何一样东西能够分给另外的人了；相反，他埋怨自己无法变出两位、三位、四位，没能有多个心灵和精神能够拿来全部交给朋友。一般的友情是能够和其他几个人共享的：你可以欣赏这个人的一表人才，喜欢那个人的温柔体贴或宽宏大量，认可这个人的慈父一样的胸怀，那个人的兄弟一样的关爱，凡此种种。但我说的友情绝对占据和掌控着我们的心灵，是无法和第三个人共享的。一旦两个人同时需要你的帮助，你先去帮谁？一旦他们的要求截然相反，你又如何分出先后次序？一旦其中一人告诉你一件秘密，要你守口如瓶，而另一人必须知道，你又该怎样做才不会左右为难？倘若你的友情是独一无二和根深蒂固的，那就消解了其他所有义务。我起誓对秘密守口如瓶，我就必须不违约，绝不讲给任意的第三个人知道。将一个人平均分成两份，那可是天下奇观了；有些人说能够平均分成三份，那只能说是不知深浅。绝大多数有一样的，就不再是天下无双的了。有人假设，会将等量齐观的爱意馈赠给两个朋友，他们如同我爱他们一样互敬互信，如同我爱他们一样爱我，他这样假设，等同于把独一无二的东西变成双份，成了团体，而如此之物哪怕仅出现一个，也是踏破铁鞋，寻遍天下也寻不到的稀世之珍。

　　除了这些，那个示例与我谈的友情非常契合：欧达米达斯有所需时，要求他朋友的帮助，视作赠予朋友的一份恩赐和厚爱。他让朋友们承继的遗物是他的慷慨，也就是把朋友们为他效劳的方法交给朋友们。毋庸置疑，友情在他的境遇下显露的能力相比阿雷特斯的境遇下所显露的要更为强大。所以，没有体验过这种友情的人是想象不出来其中妙处的。我特别称颂面对居鲁士一世的提问，一名年轻士兵的回答：他的马赢得了一场重大比赛，居鲁士问他卖不卖马，什么价格可以接受，是否乐意用马换一个王国，士兵回答说："自然不会，陛下，但我非常荣幸能够用它来换得一个朋友，倘若我能寻觅到一个值得我付出一切的称得上是朋友的人。"

　　"倘若我能寻到"，一语中的！找一些适宜泛泛而交的人并不难，但我们所说的朋友，是要推心置腹，倾尽全力，自然，所有初衷就必须一清二楚，纯真可信。

　　在单方面维系的友情和存在利益的情况下，仅仅需要预防这一方面出现问题就够了。我不会忧虑我的家庭大夫或者律师的信仰问题，因为这些同他们尽一个朋友的职责毫不相干。随从和我的关系也这样。我极少想知道某个随从是否道德高尚，关心的是他勤快懒惰与否。我不担心车把式游手好闲，而担心他是个笨蛋，不担心厨师满嘴脏话，而担心他颟顸愚昧。我不想告诉别人应该做什么，好管闲事的人太多了，我只想告诉别人我是如何做的。

这是我的方法，你不妨按照自己的主意从事。

———泰伦提乌斯

在宴会上，我喜欢豁达放松，轻轻松松，而不是谨言慎行；在床上，我更在意美丽，而非善良；大庭广众下，我喜欢本事出众的人，即便他为人圆滑。另外的方面也同样。

阿格西劳斯二世和子女们一起骑棍子玩耍时，被人看了个正着，他恳请那人在生儿育女之前不要在外面宣扬评论此事，觉得只有等那人心中真正拥有依恋的东西，才会对如此举动做出公平的议论。我也渴望和拥有我说的这种友情的人促膝长谈。但我深深了解，这样的友情与通常的友情天渊之别，它绝难一见，所以，我很难找到一个公平的裁判员。关于这个话题，先人留给我们太多思考，但相较我的切身体会，显得苍白又黯然。在这一方面，切身感受胜于哲学格言：

对于思维健全的人，没有什么能够比得上一位令人如沐春风的益友。

———贺拉斯

古人米南德认为，但能邂逅朋友的影子，就是幸福。自然，他这样说是有原因的，即便他也曾拥有这样的友情。感谢上天，我的生活舒心快乐，除了这样一位朋友的离开让我黯然伤神之外，我逍遥自在、问心无愧，原因是天性和基本需要已经让我知足了，从不去贪念其他需要。可是，实话实说，倘若将我的一生经历与和朋友携手同行的四年相比，我觉得那仅仅是一团混沌，算是一个昏沉而乏味的漫漫暗夜而已。自我失去他的那天开始，

> 那是无比残忍，永远难忘的一天，
> 天啊，这是你的意志。

—— 维吉尔

我从此一蹶不振，得过且过；时常的游乐不仅无法让我解脱，而且让我对他的追念更加强烈。以前我俩的所有都是对等平分，如今我觉得窃取了原本属于他的那一半，

> 我的余生，想将快乐抛得远远的，
> 因为他已不能在我的生命中共享一切。

—— 泰伦提乌斯

我对到任何地方都有第二个我的生活，已习以为常，我觉得另一个我已消失不见了。

> 啊！命运剥夺了我灵魂的一半，
> 剩下一半我也不会珍惜，对我还有什么意义，我
> 活着还有什么可做？
> 你离开的那一天，我的心也随着走了。

—— 贺拉斯

无论我做任何事，头脑进行任何思考，总难免怪他，我想换作是他也会如此。在才干和品质上，我同他望尘莫及，同样，在履行友情的义务上，他比我做得好太多。

> 失去了你，我无比悲惨，兄弟！
> 你的友情带给我无边欢乐，
> 所有一切都和你一同消逝了！
> 你走了，我的幸福土崩瓦解了，
> 你的坟墓埋葬了我俩共同的灵魂。
> 我自此昏天暗地，黯然伤神，
> 闲暇时光读不下书，
> 莫非真的无法再并肩私语，
> 无法再聆听你的声音？
> 啊！与你相比，我的生命不值一提，兄弟，
> 莫非今生爱你却真的阴阳永隔了吗？
>
> ——卡图鲁斯

但是，我们要聆听这位十六岁年轻人①的衷情。

我看到那篇文章②被一些存心不善的人抢先刊发了，那些人意图滋扰和推翻当前的国家治安，却毫不顾及自己的能力。他们将这篇大作和其他同他们沆瀣一气的文章搜集进一本

---

① 十六岁年轻人，此指拉博埃西。
② 那篇文章，此指拉博埃西的《甘愿受奴役》一文。

书并刊发了，所以，我只得有负初心，不选择这里发表了。为了让无法深入探究拉博埃西的观念和作为的读者们，对他保留完整的印象，我要说明一下，这篇文章是在他未成年时写的，仅仅是篇随笔，讨论的议题也不新鲜，在众多书中都有涉及。他坚信自己写出的观点，我是坚信这一点的，毕竟他认真对待任何事情，哪怕在玩游戏时也从不撒谎。我还要告诉大家，倘若可以挑选，他更情愿出生在威尼斯 [①]，而非萨尔拉。这是不难理解的。可是，他还牢牢将另一条格言烙印在心中：严格遵循家乡的律条。他比任何一个公民都要循规蹈矩，比任何一个人更渴望天下太平，更厌恶兵荒马乱。一旦发生动乱，他会想方设法去平定，做不出推波助澜的事情。他的思想遵循了几百年前的模式。

　　但是，我仍想用同出于他笔下的另一部作品来取代这篇严峻的文章，那篇作品和《甘愿受奴役》写于同一时期，但更舒缓，更明快。

---

① 威尼斯，当时的威尼斯是共和政体。

第十二章
论人和人的差异

　　普鲁塔克曾经提到过，兽与兽的差异不及人与人的差异更大。他的意思是指生存能力和德行。确实，我认为，就明达事理方面，即便我深深了解的人，也不出我的预料，和伊巴密浓达的距离天差地别。因此，我想比普鲁塔克说得更严重些，我想说有些情况下，人与人之间的差异，要比人与野兽的差异还大：

　　　　天！人与人的差异能够距离天渊之别！

　　　　　　　　　　　　　　　　——泰伦提乌斯

　　天有多么高，才智的差异就有多么大。
　　但是，若说起人的价值，有一点很独特，万物都因其自身的质量来被评判优劣，唯独不包括人。一匹马，它的矫健雄壮才能引起我们的赞叹，

　　　　大家赞许宝马良驹，是由于它赛场夺魁，引发全

场欢呼。

——尤维纳利斯

而非它的鞍辔鲜明；一条猎犬，我们更关注的是它是否迅捷，而非它的狗链；一只飞鸟，我们称颂的是它的羽翼，而非挂在它身上的绳索或铃铛。评判一个人，我们为何不也用同样的标准，以他的自身品质来评定他呢？前呼后拥的仆人、富丽堂皇的城堡、声名远播的权势、富可敌国的财产，全部是自身以外的东西，不是他的自身品质。一只蒙在口袋里的猫没有人会买下，你看上了一匹马，一定会脱掉它的铠甲，只有相看一匹全部暴露在眼前的马，你才能断定马的品质。比方以前让国王挑选马时，虽然也把马罩住，但罩的是无关紧要的部分，是想让国王忽视马的鲜亮的皮毛和肥硕的屁股，而把注意力全部吸引到腿、脚、双眼这些最紧要的部位。

国王们相马时要把马罩住，

避免外强中干之马，

用它华丽的表象，

迷惑选马的国王。

——贺拉斯

那么评判一个人时，你为何不让他卸下全副武装呢？展示在我们眼前的，仅仅是他的表象，唯一可以作为标准，对他做出准确评价的关键却被蒙起来了。你想要的是剑的利刃而非剑鞘的雕花：剑本身不利，你是绝不会付钱的。观察人应该观察人的本质，而非他的衣着服饰。有位先贤曾经幽默地说："你明白为何你感觉他高大吗？你将他鞋的高度都计算在内了。"塑像的基座不属于塑像本身。测量人的身高不要把高靴也算上。让他放下金钱、名位，仅穿衬衫就好了。他的体魄和他的名位相符吗？雄伟矫健吗？他的内心呢？善良吗？纯洁吗？具有各种美德吗？他本身就尊贵还是另有别的依仗而尊贵？他视金钱如粪土吗？面对刀刃加身，他临危不惧吗？他是否宁为玉碎不为瓦全，将苟全善终视若鸿毛？他从容不迫、慎始慎终吗？他乐天知命吗？这些全是必须关注的关键，我们可以依靠这些来评判人与人之间的天差地别。

> 他多么通达，多么克己，
> 贫贱不移，威武不屈，
> 他敢于压制欲望，淡泊名利，
> 他面不改色，外圆内方，
> 他像光滑转动的圆球，
> 他会立于不败之地，摆脱命运的束缚吗？
>
> ——贺拉斯

　　这样的一个人，说什么王国、公国都小看他了：他自身就是一个归属自己的帝国。

> 我敢面向双子星起誓，

哲学家掌控自己生命!

——普劳图斯

他还要许愿想得到什么吗?

莫非我们看不透,命运只想让我们

有个健健康康的身体,

有颗安逸地享受人生,

无拘无束的心灵?

——卢克莱修

他们愚昧、卑鄙、唯唯诺诺、首鼠两端,总是被各种情感反复打击而犹疑不决,一切都听任他人的摆布。真是天差地别。可我们向来竟如此盲从,对这些极少重视或不屑一顾,但每次我们比较农夫和国王、豪门和寒门、高官和民众、富翁和穷鬼的时候,虽然他们说话没有差别,只要穿的裤子不同,我们就能看出天大的差异。

在色雷斯,君王同百姓的差别非常严苛,也很有趣。他有特殊的信仰,并且所有百姓不能信奉,仅仅属于他自己,那就是商神墨丘利,并且对百姓们信仰的战神玛斯、酒神巴克科斯、月神狄安娜统统不屑一顾。

但是,那些只是表面现象,并不对本质的差异造成影响。

这就像戏剧演员,他们在台上饰演着帝王将相,可一掉头他们又改头换面成随从或马夫。演员才是他们的真实角色。因而，在观众眼前摆谱托大，让人投入其中的君主——

> 是由于他身上有明晃晃的大翡翠，
> 挂在如同黄金的架子上，
> 他还身穿翠色欲滴的海蓝色袍服。
>
> ——卢克莱修

请来后台再瞧瞧他吧，无非一个貌不出众的人，可能身份还不如一个贩夫走卒。"那一位暗里美满，这一位仅仅表面风光。"
胆怯、踌躇、野心、怨气及嫉妒，使他同别人一样心烦意乱：

> 因为不论奇珍异宝还是低眉顺眼的随从，
> 都不能驱散
> 压在头上的苦楚与烦躁。
>
> ——贺拉斯

即使他随军出征，忧虑和恐惧也能掐住他的喉咙，

> 压盖头顶的忧虑与担心，
> 不惧锋利的兵刃、离弦的箭矢，
> 它们大模大样混迹王公贵族之中，
> 奇珍异宝也不为所动。
>
> ——卢克莱修

他同样和我们似的，会感冒、头痛和痛风吗？等到日薄西
山，护卫他的神箭手能让他恢复青春吗？当死亡徘徊在他身边
的时候，贴身的随从能使他安宁片刻吗？在嫉妒夺走他的理性
的时候，我们鞠躬致敬能让他恢复镇静吗？这珍珠钻石装饰的
大床，对他撕心裂肺的剧痛毫无用处：

> 你觉得你的高烧会由于
> 你的床上有华丽毯子和描金被单，
> 就能比你铺盖普通的被单恢复得更快？
>
> ——贺拉斯

有人恭维亚历山大大帝，说他是天神之子。一天他负
伤，眼瞅着自伤口流出的鲜血说："那个谁，怎么回事？这莫
非不是殷红腥气、纯粹地道的人血吗？荷马所说神仙伤口流出
的血可和这不一样呀。"诗人赫尔莫多鲁斯写诗颂扬安提柯一
世，称其为太阳之子。而后者却说："每天给我倒马桶的人都
心知肚明，这简直是胡说八道。"他们是活生生的人，如是而
已。若他本人出身微贱，即便成为世界之共主，也不能改变他
的出身：

> 让少女们去蜂拥追赶吧，
> 让玫瑰在他的身边盛开吧。
>
> ——尔西乌斯

　　若是他鲁莽、蠢笨，他有什么资格拥有这些？没有胆魄和才干，快乐和美满就无福享受：

> 人的道德水准有多高，这些身外之物就价值多少，
> 用得适当就能锦上添花，用得不当就会身遭不测。
>
> ——泰伦提乌斯

　　金银财宝的甜头不论多大，离不开敏锐的感觉去品鉴。让人幸福的不是占有，而是享受：

> 豪宅、财宝、堆山的真金白银，
> 无法根治你得的病，
> 无法消退你的高热，无法消散心中的惆怅，
> 有了好身体，才有福消受财宝。
> 心怀畏怯的人，家对于他是什么？
> 那是拿给眼盲者看的画，贴给痛风者的膏药！
> 水壶本身肮脏，倒进去的东西都不会干净。
>
> ——贺拉斯

　　他是痴呆，分不出味道。他如同得了伤寒，尝不出希腊美酒的香甜；又如同一匹坐骑，看不到背上绚烂夺目的鞍鞴。柏拉图一语中的，任何美好的事物，比方说强壮、漂亮、胆魄、财宝，对异常的人来说都是邪恶的，对正常人来说都是美好的，反之亦然。

何况，贵体有恙，精神欠佳，金银财宝这些身外之物有什么用？身上有针刺，心里不自在，哪里还有心情君临天下。痛风发作起来，他哪里还顾得上自己是君主，即便他，

金银盈室，财宝堆山。

——提布卢斯

难道他还顾及他的城堡和他的威信吗？在他狂怒的时候，即便身为君主，难道不也脸涨得通红，眼瞪得溜圆，如癫似狂吗？假如他修养出众而出身尊贵，王位也不能给他的幸福增色：

倘若你有健康的五脏和躯体，
举国之富也不能给你增加任何东西。

——贺拉斯

他明白，这些均是一场春梦。不错，他或许认可国王塞勒科斯的观点：知悉权杖分量的人，倘若权杖掉在脚下，认为猫腰拾起是不值得的。他的意思，是指君主担负着沉重而又艰难的责任。自然，管理别人绝非小事一桩，毕竟我们自我约束还那么难。至于调兵遣将，虽然看着威风八面，但因为人的判断不够准确，因为变幻莫测的时局让人难以抉择，我很认可这样的观点：跟在别人后面比起领着别人前进要更简单和轻松；走原有的道路，只管自己是非常便捷的精神放松。

因此，想要治国理政，

倒不如平和冷静地听从。

——卢克莱修

此外，居鲁士也这么认为：若不比领受命令的人更强，没有资格发出命令。

但是，色诺芬曾记录过国王希罗 ① 的一句话：即便寻欢作乐，他们也比不上普通人。因为富足和闲散让他们品不出珍馐美味的滋味。

胡吃海塞，胃不好受，

毫无顾忌的爱，爱的太多让人腻烦。

——奥维德

我们不是都觉得唱诗班的孩子对音乐很执迷吗？实际情况是他们唱得太多了，非常厌倦。筵席、跳舞集会、角斗场，不经常参加的人、想要见识一下的人乐意前往；可参加多次就会感到腻烦、败兴。惯处花丛的人，见到女人也很难心动。从没体验过口渴难挨的人尝不出喝水的趣味。大街摆摊的杂耍大家都爱看，可却是艺人有苦难言的谋生手段。事情往往如此，对君主们来说，偶尔微服私访体验一下平民百姓的日子，感到非常兴奋，

———————

① 希罗，西西里岛叙拉古国王。

暂时的身份互换会让达官贵人们感到新鲜，

陋室空堂，既无装饰又无点缀，

能让惶惶不安的人喜笑颜开。

——贺拉斯

最让人厌恶和鄙夷的，就是一个"多"。土耳其皇帝后宫三百美人，满眼花团锦簇，他怎么会终日兴致盎然？他的那位祖先，狩猎时七千鹰奴前呼后拥，这还是狩猎吗，这还有兴趣吗？

另外，我认为如此赫赫扬扬，反而是他们享受最纯粹乐趣的阻碍：毕竟他们处在万众瞩目的地位，兴师动众，最能招来物议汹汹。

搞不清怎么回事，大家更希望国王们蒙蔽大众和文过饰非。因为同样发生在普通人身上的小过失，一旦他们犯了，民众就称之为暴政，视法律如儿戏。并且不仅说他们罪大恶极，似乎还会上升到抗拒和蹂躏国家法律的高度。

不错，柏拉图在他所著《高尔吉亚》里面，把暴君定义成在自己王国内胡作非为的人。因此，通常因为这个原因，揭发和公示君主的过错比过错本身更可怕。君主人人都怕评头论足、万众唾骂，由于连他的一举一动和任何念头都处于万众瞩目之下，平民们也都觉得监督和评价君主是自己的权利。还有，污点愈是明显就愈加被夸大；脸上的胎记比任何部位的疤痕更引人注目。

也正由此，作家们叙述到朱庇特的恋情时他总是先要改头换面，在他们描绘到的朱庇特的众多猎艳韵事时，以他神王的本来面目出现好像仅仅一次。

我们再把视线转回希罗国王。他也曾说，作为九五至尊是非常难受的，无法自主地活动或旅游，整天待在王宫内如同坐监牢一般，一举一动身边都站着惹人生厌的一大群人。实话实说，我们的那些君主，孤独地进膳，身边满是看客和听不完的汇报请旨，每当想到这些，我深深地同情他们而非艳羡。

阿尔方斯国王甚至说，仅凭这点，国王的境遇不如毛驴：主人允许毛驴悠然自得地吃草打滚，而国王却很难享有这份无拘无束。

我一向都不觉得，一个身心健康的人，在十多个人的照顾下如厕，活得会很开心；我也不觉得一个年薪一万法郎，曾攻克卡扎尔，驻守锡耶纳的人能够认同办事机构要比得力的随从更得心应手。

君主的无限权力仅仅是徒有虚名。权势熏天的人不论大小，似乎都能自立为王。凯撒就曾经把法国有审判权的城主们全部称作小国王。不可否认，除了不用僭用"陛下"的名号，他们和君主区别不大。你想一想，在天高皇帝远的偏远地区，例如布列塔尼，一名告老还乡、足不出户、使奴唤婢的城主，宝马香车、家奴院公，各种职分差事、全部礼仪规矩一应俱全；你不得不佩服他丰富的想象力，活得与君主一般无二了。他每年听人谈及自己的君王的机会仅一次，如同谈到遥远的波斯国王。他效忠于这位君主，仅仅是由于历史漫长的，自己都捋不过来，只有查阅文献才能说清的亲戚关系。真的，我们的法律真是太宽松的，一个贵族一辈子受王权的约束仅仅两次。只有那些应人之邀并愿意出力获得名利和金钱的人才会正正经经地俯首称臣。因为谁要宁愿销声匿迹，安守本分，擅长管家，他就可以像威尼斯大公一样无拘无束。"奴隶的身份难以束缚太多人，效果更大的是心甘情愿为奴的想法。"

但最让希罗国王看中及懊丧的是这样一个现实：自己得不到真正的友情与交流，可这是生命中最醇美、最甘甜的果实了。任何人的一切功业，不管他是否心甘情愿，都是我恩赐的，我又能希望他怎样表示友善和好意呢？我不会因他表面的顶礼膜拜，就看重他那毕恭毕敬的敬辞和文质彬彬的神态吗？畏怯我们的人表面的尊崇算不得真正的尊崇；这种尊崇叩拜的是权杖而非我本人：

> 九五至尊得到的最大利益是，
> 民众一边忍耐你的朝令夕改，
> 一边口不应心地山呼万岁。

——塞涅卡

我看到，暴君、圣君，万众唾弃、受人敬仰的君主们，都得到了一样的颂扬。我的前任获得的，是同样的奉承、同样的虚礼；我的继位人也将受到同样的待遇。我的子民不谴责我，这并不代表什么尊崇之心：反正他们可能是口不应心，我何必要把这当作尊崇呢？服侍我的人都绝非和我有任何友谊：交流沟通那么少，怎么可能培养出友谊呢？高高在上的地位让我不可能和任何人平等交流：区别不啻天壤之别。他们服侍我是由于礼仪和工作，说是服侍我，不如说是服侍我的权力更准确，为的是狐假虎威，增加他们的权力与财富。他们在我面前的所说所做，全部都是伪装的。他们的自由时时刻刻受到我的权势的束缚，因此我所能目睹的一切全都是遮三瞒四的。

有一天，皇帝朱里安的大臣赞颂他圣明公正，他却说："倘若这些赞颂来自那些在我的旨意不圣明时能够公开非议我的人，我才会真正地觉得自豪。"

君主们真正享受的一切优厚的待遇和普通民众基本是一样的（骑天马腾云、吃龙肝凤髓的福分只属于神仙）。他们同我们没什么两样，困极要睡觉，肚饥要吃饭；他们的刀剑和我们拥有的锋利程度差不多，他们的皇冠既不遮风也不挡雨。戴克里先①当皇帝万民敬仰又顺风顺水，却放弃皇位去享受天伦之乐。过了不久，国家发生大事，群臣纷纷请求他复位，他答道："我栽的树整齐划一，我种的瓜果香甜可口，你们一旦见到，就会打消劝我的念头了。"

阿那卡齐斯②认为，为君之道，最要紧的是弘扬善行，抵制恶行，其他的所有无所谓轻重缓急。

———————

① 戴克里先（Diocletian，244—312），罗马帝国皇帝，于284—305年在位。他结束罗马帝国的三世纪危机（235—284），建立四帝共治制，使其成为罗马帝国后期的主要政体。其改革使罗马帝国对各境内地区的统治得以存续。

② 阿那卡齐斯（Anaxagoras，公元前500—公元前428），古希腊哲学家、科学家，他首先把哲学带到雅典，影响了苏格拉底的思想。

皮洛斯国王意欲攻打意大利。他的谋臣居奈斯聪慧过人，他想让皮洛斯体悟一意孤行的虚妄，便问道："亲爱的陛下，您规划这件伟业意欲何为？"国王答道："为了掌控意大利。""之后呢？"居奈斯又问。国王继续说："我继续攻占高卢和西班牙。""再之后呢？""我不会停止脚步，我要继续去攻打非洲，最后，当我将全世界征服，我就停顿下来，过过无拘无束的安逸生活。"居奈斯最后问道："陛下，请您回答我，为何您不立即就进入最后一步呢？为何不现在就开始，到您渴望生活的地方去居住呢？这样也能避免您在这两者之间遭遇不可测的千辛万苦和艰难险阻。"

由于他搞不懂欲望的边界在哪里，
真正的快活应该到哪里停步。

——卢克莱修

我将用一句古诗作为此段的收尾，我认为它说明这个问题十分贴切："每人的性格决定着自己的命运。"

第十三章
论判断的犹豫不决

有一句诗算得上至理名言：

> 凡事既能从正面说，也能从反面说。
>
> ——荷马

比如：

> 获胜的汉尼拔不知道获胜之后利用胜利。
>
> ——彼特拉克

谁同意这个观点，愿意和我们讨论一下我们未在蒙孔都坚持到底这个失误，谁要是认为西班牙国王没有充分利用在圣康坦明显强于我们的胜势，谁就能说出这种失误是由于他对自己的幸运喜出望外，见好就收；因为获得的胜利过于巨大，需要时间巩固，乘胜追击显得力不从心；好运眷顾他，给了他如此难得的时机，他却无福消受，他怀中已经满满当当，无法拿起更多的东西。他虽然十分幸运，可一旦他的对手得到喘息之机卷土重来，这种时机对他何益之有？他连望风而逃的敌人也没有胆量追赶，又怎能认为他有胆量再度击溃卷土重来，想着报仇雪耻的敌人？

> 在人生大转折，畏惧压倒一切之时。
>
> ——卢卡努

说到头，除了已然遭遇的惨败，他还能盼望什么好收场？两军对垒和击剑不同，不以点数的多少决定输赢。只要敌人还能站起来，就只能一鼓作气，不给其任何翻身的机会。十足的胜利才是胜利。凯撒在奥里库姆城附近惨遭大败，他对对方的士兵们说，如果你们的将军明白长驱直入，我早就彻底败完了。因此等到凯撒得胜之时，他就乘胜追击了。

但是，为何不将事情反过来想呢：贪得无厌不知见好就收，那是唯利是图的草率的举动；想着打破上苍划定的限制，那是乱用上苍的恩赐；得胜之后再进行冒险，这是再次将胜利交给不确定的命运；兵法中最明智的地方，就是不要逼得敌人背水一战。内战之时，苏拉和马略在击溃马尔西人之后，发现一小支溃败的队伍，困兽犹斗一般疯狂地反扑过来，他们就主张暂避锋芒。倘若富瓦克斯做事不那么冲动，追打拉文纳战役的残存敌人能够网开一面，也就不会反胜为败最终丧命。前事不忘，后事之师，当吉安在塞里索勒避免了相同的错误。攻打被你逼到绝境、只有破釜沉舟的军队是非常危险的，因为人被惹急了会拼死抵抗——"困兽咬人最狠"。

　　步步紧逼，舍生忘死，并不能使人轻松获胜。

　　　　　　　　　　　　　　　　——卢卡努

　　正因如此，在斯巴达王打败了曼提奈亚人之后，法拉克斯严禁他去追击一千名已经溃散的阿尔戈斯人，而放任逃兵们自由逃走，为的就是避免这些逃兵被激怒而冒死反击。阿基坦王克洛多来纳在获胜后对败走的勃艮第王贡德马尔紧追不舍，后者被逼得掉头迎战。但克洛多来纳的执拗却将他到手的胜利成果彻底夺走，因为他在敌人的背水一战中丧命了。

　　一样的道理，倘若要在两者之间做出抉择，是给战士装备宝贵、华美的甲胄，还是仅仅配发一些不可或缺的军装，塞多留、菲洛普克、布鲁图斯、凯撒等名帅一定选择前者，原因是让战士盔明甲亮，耀武扬威，就必定会觉得扬眉吐气，士气高涨。他一定会加倍坚韧，拼死战斗，因为他会如同爱护家财一样地殊死捍卫自己的甲胄：色诺芬认为，这也是为什么亚洲人出征时会带上妻子美妾和金银财宝。但反过来想，同样会有人端出异议：务必消解而非煽动战士的贪生念头；第一种选择会让战士更加贪生怕死；还有，因为目睹着丰厚的战利品，敌人会加倍眼红心热，加倍盼望获胜。有这样的记载，以前罗马人在征讨萨谟奈人时，就曾因这种心态而如狼似虎。安提奥库斯（安提奥库斯，叙利亚塞路西亚国王）指着自己身后即将会战罗马人，披坚执锐、盔甲精良的大军，问汉尼拔："这支队伍会称罗马人的心意吗？""他们会中意吗？"汉尼拔回答说："那是自然，无论他们的胃口有多大。"利库尔戈斯不但严禁他的士兵穿得光鲜亮丽，并且严禁他们缴获太多战利品，他亲口解释说是为了在取得胜利的同时，让军队保持吃苦耐劳的光辉品质。

在包围战和一些其他场合，我们有可能很接近敌人。我们经常命令战士以不同的方法挑衅、谩骂、羞辱敌人，这样做似乎很有道理，因为不能把这看成小事，这样做能明确地告诉战士们，你们如此百般羞辱敌人，敌人就不会妥协、不会乞和，你们要摒弃不战而胜的妄想，剩下的唯一做法就是与敌人殊死搏斗。但是维特里乌斯[1]却由此而吃了败仗：他所面对的是队伍士气低迷的奥东。奥东的战士们久疏战阵，被安逸的富贵生活腐化得斗志全无。他羞辱敌人们贪生怕死，胆小如鼠，迷恋留在罗马的酒色财气和灯红酒绿。他那些难堪的咒骂最终激怒了敌人，使敌人重整旗鼓，同仇敌忾，这是一切正面鼓舞都难以办到的。正当敌人裹足不前的时候，他却弄巧成拙，主动招致敌人的拼死反抗。确实，羞辱能够振奋人的精神，很轻易就能让一蹶不振、无心为君主卖命的人，容光焕发地为自我而折辩和冲锋。

一支队伍，保护主帅是最重要的：擒贼先擒王，敌人的主要目标就是这颗贯穿全军的脑袋。正因如此，好像乔装改扮指挥战斗理所当然。这一观念也曾被几位统帅所认可。但是，这个办法有利又有弊，甚至弊大于利。由于一旦军士们难以辨认

---

[1] 维特里乌斯（Aulus Vitellius，15—69），罗马帝国的皇帝之一。

自己的主帅，那么他们被主帅一马当先、以身作则激励起来的士气就将不复存在。如果他们找不到惯常的统帅大纛旗，可能想当然以为主帅已经捐躯或认为主帅见事不好已先行逃命。至于实际的战斗，我们会发现有时这种见解有利，有时那种见解更有利。皮洛斯于意大利征战执政官列维努斯时的事态对于正反两方面的见解都得到验证：因为他料事于先，和德摩加克里互换了盔甲，从而没有暴露自己，最终得以保命，但他也认为这样做是最终打了败仗的理由。亚历山大、凯撒、卢库卢斯更倾向于在征战时突显自己，鲜衣怒马，穿着属于自己的特殊的盔甲，一望可知。亚基斯、阿梧西劳斯、古里波斯却截然不同，不显山，不露水，乔装改扮指挥战斗，坚决不用君王的特殊装饰品。

法萨罗战役中，大家对庞培最大的非议，是他让军队停下来等待敌人。原因是这样做（我这里摘抄普鲁塔克的原文，比我的话更有说服力），"首次攻击就不像跑着冲击敌人那样威力充沛，士兵们拥挤不堪，完全没有了冲击力（这冲击力不同寻常，会让士兵们在频繁冲撞中易怒，暴躁，伴随着呼号和跑动，使他们更加如狼似虎），他们的一腔热血，也在裹足不前中变得冰凉了"。这就是普鲁塔克对这段史料的评论。可是，倘若凯撒最终战败，难道不能这样评论吗：正好相反，最强大的局面就是以静制动；因势利导停止冒进，最大限度保存实力和节约力量的人，要明显强于突飞猛进，在飞奔中筋疲力尽的人。还有，队伍是形形色色的单个士兵组成的集团，在如此飞速的前行中难以做到整齐划一，它的阵列必然会越来越混乱，体力最突出的人一定会在孤立无援的境遇下与敌人短兵相接，因为伙伴还没赶到，无法支援。在波斯兄弟的内战中，斯巴达人克莱亚科统率居鲁士的希腊部队，他率领军队慢条斯理地前进！但距离敌人不足五十步的时候，他猛地命令跑步冲锋。他的意图是用短距离冲锋的方式保持阵列，养精蓄锐，并且又让战士们和投射武器具备速度的上风。有人总结经验，想要尽量解决这个打仗难题：敌人猛扑过来，你就以逸待劳；敌人好整以暇，你就突击猛打。

德皇查理五世攻打普鲁旺斯，法王弗朗索瓦有两个选择，去意大利迎战还是在本土等待。他这么想的：能够使自己的家园免受战争的蹂躏是最好不过的了，后方的毫发无伤能够接连不断地向前方战线提供军需和军费；每次战争肯定带来摧残，我们必须最大限度地降低财产损失；农民能够在心理上接受敌人的践踏却难以忍受我方军人的破坏，因此非常容易由此而在我们内部爆发动乱和起义；默许烧杀抢掠在应对战争中难以避免，可尽量不在自己的国土内施行，而仅仅依靠军饷，再无其他收入的士兵，即便在家乡守在妻儿老小身边也很难循规蹈矩；谁布置餐桌，谁就要掏钱买单；最好的防守是进攻；最便于传播、最不讲理性、最快速扩张的情感就是害怕，在国土内地，一仗打败就会举国震惊；城里人刚听到城外炮火喧天，就马上要面对还在战栗、惊魂未定的将士，这些人乱中取利，趁机烧杀抢掠就非常难办了。即便有这么多的考量，法王还是下定决心将远涉他乡的军队全部召回，静待敌人打上门来。因为他完全可以从反面设想，自己待在老家，身边一呼百应，下达命令如臂使指：江河、道路随他调配，不用费心看押就能安全便捷地运来粮草；大军压境，民众会更加同仇敌忾；纷杂的城市和众多的防线保证着安全，他完全能够见机行事，因势利导决定战争的地点、规模。若甘心静候时机，他能安逸、快活地目睹敌人忍饿受冻、长途跋涉、焦头烂额：敌人孤军深入到别国国土上，四面八方的环境全是敌对的，一旦瘟疫蔓延，部队减员，伤病得不到安置；除了掠夺，得不到任何补给；没有修正的机会；不熟悉地形、军情，被伏击、埋伏惊扰得筋疲力尽；一旦战败，损兵折将，逃散无路。对于正反两方面的观点，示例比比皆是。西庇阿认为到非洲去攻城略地要比死守意大利保家卫国更有效果，所以他取胜了。但反过来，汉尼拔却在战争中拒绝征讨异国他乡，选择保家卫国而惨遭失败。雅典人因为对进攻自己国土的敌人置之不理，远征西西里而惨败。叙拉古王阿加托克里却因不管国内的战火，进攻非洲而大胜。所以，我们平日所说的就非常有说服力了：收场和终局，特别在战场上，大多被命运所决定，而天意难测，命运是不会逢迎遵从人的推论、决断的，就像这些诗句所说：

> 冒险者经常凯旋，守城者经常铩羽，
> 面对理所当然的缘由，命运总是置之不理，
> 如同盲人骑瞎马，四处乱冲乱闯，
> 其实冥冥之中自有天意在掌控一切，
> 强迫世人悉听号令。
>
> ——马尼利乌斯

　　但静下心来想一想，人的意图和决断好像同样由命运决定；命运的变幻无常、高深莫测也决定了人的推测决断。

　　柏拉图的《对话集》中，蒂迈欧曾说，人的思想方式随意、草率，是由于人的推测决断和人一样，具有非常大的不确定性。

第十四章
论夸夸其谈

　　古代有位雄辩家，将自己的职业形容为让小的东西看起来大一些，使人感觉很大。这就好像一个能给小脚做双大鞋子的鞋匠。倘若在斯巴达，他会由于宣传吹嘘撒谎而受鞭笞之刑。我认为，斯巴达王阿尔吉姆倘若听到修昔底德的回答一定惊诧万分：阿尔吉姆曾问修昔底德，他与伯里克利交锋谁能赢。他答道，"这个是很难说清的，因为他即便被我推翻在地，他也能让围观的人认定他尚未倒地就已经赢啦。"有人给少女戴上面具，给她们浓妆艳抹，这些人造成的伤害不怎么大，仅仅是瞧不见她们的庐山真面目，没有别的损失，而先前的那些雄辩家蒙蔽的并非我们的耳目，而是我们的判断水平，他们做的是扭曲、污蔑事情的本来面目。像克里特、斯巴达这种国泰民安、物阜年丰的国度是瞧不起雄辩家的。

　　阿里斯托曾经把雄辩术定义为：劝服人的艺术。苏格拉底、柏拉图则把雄辩术称为骗术、谄媚术！有的人粗略地谈到它时否认这种蔑称，但在他们的训诫、敕令中却无时无刻不在认可这种说法。

有些国度严禁教给儿童们雄辩术的课程，认为它百无一用。

雄辩术一度在雅典很风靡，雅典人发现雄辩术带来很大危害，就严令将蛊惑人心的那些关键部分和起始语、终结词一并删除。

这是一种为蛊惑、控制不循规蹈矩的民众而发明出来的工具，一件如毒药一般用在不健康国度的用具；在雅典、罗得岛、罗马这类国度里，普通百姓、无知民众，任何的人都能随心所欲，时势总如风雨突变，雄辩家们便纷纷粉墨登场。是的，在这些国度里，极少有人不凭借巧舌如簧就能飞黄腾达的：庞培、凯撒、克拉苏、卢库卢斯、兰图卢斯、梅特鲁斯等如雨后春笋，均是凭借三寸不烂舌一步步爬上高高在上的宝座的，他们更多的是利用高谈雄辩而非依靠刀枪锋利，这和太平盛世的景象截然不同。沃卢姆尼乌斯[①]大庭广众发表演说，支持克·法比乌斯和帕·德基乌斯氏族的人当执政官时这么说："他们天生就是当统帅的人，是建立功勋的伟人；论辩口才也很杰出：他们是符合执政官要求的人选；机智能干、伶牙俐齿、学富五车的人有利于城邦，能当伸张正义的大法官。"

在罗马时局最混乱、内战最惨烈，民不聊生的时候，雄辩术反而最为兴盛：如同一块未被开垦的荒芜土地，最丰茂的反而是野草。如此来说，君主掌握的政府好像比起其他政府更不需要雄辩术：周围众人的奴颜婢膝、花言巧语虽然最容易蛊惑君心，可我认为，不用智慧思考，弄不清真相的无知与偏信，

---

① 沃卢姆尼乌斯，罗马执政官，于公元前307—公元前296年在位。

其实单个人是不会都存在的，并且优越的教导和规劝也可以使君主避免遭受这种迷魂药的蛊惑和伤害。在马其顿和波斯就没有出现一名出色的雄辩家。

我所论述的雄辩家的用词和一名意大利人有关联。前些日子我和他聊天，他曾长时间做过一位大人物的厨房主管。我让他叙述一下他的工作，他将他那蒙骗世人的本事向我滔滔不绝说个不停，道貌岸然、义正词严的样子仿佛是在告诉我一项重大的原则性问题。他向我展示了人的胃口的转变，饥肠辘辘的时候、吃过两顿三顿饭以后，该如何满足胃口，又有什么诀窍诱发并刺激它；讲解调味汁怎样调配，先叙述通用的，再详细阐述每种调料的品质和效果；讲解不同的时令选择色拉的差异，哪种色拉要热吃，哪种色拉要凉吃，还有怎样布置点缀才能让它色香味俱全。这些讲解完，他又讲到上菜的前后顺序，说得层次井然，规矩考究，

> 这些自然不简单，了解怎样切鸡，怎样切兔子！
>
> ——尤维纳利斯

他讲述这些还用了繁多而典雅的词藻，而且使用了治国理政的词采。使我猛地回忆起了我的一位老朋友：

> 太咸了！烧煳了！太淡了！咸淡合适了！
> 下次还按这么做！将我的微末才识倾囊相授
> 我下大力气教给他们。

最后，德梅亚，我教给他们洗碗

碗盘要洗得能当镜子，我可是毫无保留啦。

——泰伦提乌斯

但是，在埃米里乌斯·保路斯[1]从马其顿凯旋，为希腊人举办的筵席上，连希腊人也极力赞颂筵席的组织得力，安排适宜；但我这里说的不是筵席组织的细枝末节，而是指筵席上的讲话。

我不晓得别人是否遇到过和我相同的情况，当建筑师们口若悬河地讲起梁柱、门楣、檐口、考林辛式廊柱、多利安式建筑以及林林总总的行业术语时，我就会不由自主地想起阿波里东宫；我觉察到，事实上，原本说的就是我厨房门上的那些无足轻重的点缀装饰。

当有人在你耳边谈论借代、暗喻、讽喻这类修辞称谓时，是否认为在说一些少有生僻的字眼？可其实这些都是拿来描写你的随身侍婢呶呶不休说出的那堆废话。

虽说我们国家的职位名称和罗马人的截然不同，更缺乏他们那么大的权势，可是我们却要借用罗马人的高阶称谓来称呼官员，这无非是蒙骗世人的手段，同卑劣的骗局是同一类丑货；先人曾把几个极端威风的称谓放到一两位伟人身上，他们由此光彩了几百年，我们觉得谁可心就给谁乱加头衔。照我说，此类圈套，终将会成为证供，足以证明我们这个世纪的虚

① 埃米里乌斯·保路斯（Lucius Aemilius Paullus Macedonicus，公元前229—公元前160），古罗马国务活动家和统帅。

伪怪诞。柏拉图堪称神人，那是世界公认，无人非议的；但是意大利人，他们吹嘘自己聪明伶俐，论辩清晰，要远远超过同时代的任何民族，这种说法也并非一点道理没有，但前不久他们愣将这个头衔加到了阿雷蒂诺[①]脑袋上。这一位作家除了表述十分幽默、滑稽，的确非常工巧但有些造作荒谬，一言以蔽之，除了倾尽全力做到高谈雄辩以外，我瞧不出还有任何高妙之处足以压服同代的一般作家；倘若一定要与先贤的神人头衔相比照，他可是望尘莫及。还有那个"大"字，我们把它安到几个君主脑袋上，可他们相较一般民众，丝毫没有更伟大之处。

①阿雷蒂诺（Pietro Aretino，1492—1556），文艺复兴时期欧洲意大利作家。

第十五章
论切身感受

推论和知识，即便这两种才干得到我们由衷的笃信，也达不到让我们付诸行动的程度，除非我们的心灵经过实践的考察与培养，有直面生活的经历；否则，只要遇上偶发事情，我们的内心就会无所适从。所以，那些渴望登上巅峰的哲学家，不愿意在安逸生活中静候命运的突然作弄，生怕一旦遭遇难题，应变能力不足。他们料事于先，刻意去承担艰难险阻的磨炼，有的人将家财挥霍一空，甘于箪食壶浆的日子，有的人去当苦力，粗茶淡饭，任劳任怨。还有人割舍身上最珍贵的器官，恐怕花天酒地会减弱意志及腐化心灵。死亡是我们生命中要完结的最大的伟业，我们却不能亲身实践。习气和阅历能够磨炼人，让他承受苦痛、羞辱、贫贱和其他不幸；可是死亡，我们只有一次机会。我们在承受死亡时都没有任何经验。

有先人十分珍惜时光，想要尝试和体验死亡的感觉，他们全神贯注地观看死亡到底是如何发生的；只是他们没有能够复生并传授一点儿有利的信息：

　　没有谁能在冰凉的死亡长眠中苏醒回来。

　　　　　　　　　　　　　　　　　——卢卡努

　　凯尤斯·朱利乌斯出身罗马贵族，品德崇高，被暴君卡利古拉处死，他坚贞不屈，让人折服，在刽子手将对他行刑时，他的一位哲人朋友问他："凯尤斯，此时此刻您的灵魂如何？在做什么？在想什么？"他回答："我的内心在做计划，聚精会神，想确认在最后时刻，我能否看到灵魂飘荡，灵魂对后面的事有没有感觉，我倘若探明了情况，一旦又能回归，我一定告诉您。"这个人直至最后时刻还在研究着死亡这个哲学课题，在刑场上还有心情想到别的，真是令人惊叹的自信，令人惊叹的勇敢！

　　生命终止之时他还在掌控着自我的灵魂。

　　　　　　　　　　　　　　　　　——卢卡努

　　但是，我一直认为有方法可以去熟悉死亡，也能体验死亡。我们能够尝试，即便不完善也不完备，至少还是有点作用的，能够让我们更加坚韧和自尊。我们如果做不到进入死亡，但能够靠近死亡，熟悉死亡；我们如果无法走进死亡国度，但最起码可以发现和踏上走进它的通道。我们可以观察沉睡的形态，因为沉睡与死亡非常相似。

　　我们从正常进入沉睡非常简单！我们迷失光亮和自我也是非常不以为意！

沉睡能够让我们失却所有举动和感觉，似乎觉得这是违背自然的，除非自然想提醒我们，自然缔造了我们，活着是这样，死去也是这样，没什么区别；我们一旦获得了生命，自然就向我们展现了它给我们过身以后预备的永恒形态，想让我们熟悉这种感觉，不要生出任何恐惧之心。

照我看来，那些遭遇不幸突然休克的人，那些丧失五感的人，是接近了死亡的原本面目；因为在丧失知觉的瞬间，没有任何痛苦或沮丧。我们难过是耗费时间的，死亡只需片刻，一定没有感受的时间。我们畏惧的是接近死亡，这是我们有切身感觉的。

有很多事物想象的要比现实严重得多。我生命中大多数时候无病无灾，甚至可以说精神焕发，充满激情。这种朝气蓬勃和积极向上的心态让我非常害怕生病，但是当我真的患病，我才知道病痛比起恐惧简直不值一提，我经常有这样的感受：我如果身居温室，而屋外狂风暴雨，我会为淋雨的人担心难过；倘若屋外淋雨的是我，我一定没有时间去想别人。

我无法忍受整天待在一间空屋子里，有时被逼紧闭几天、几十天，担惊受怕，神经衰弱，我感觉无病的时候怜惜病人明显超出我自己得病的时候，得病时我要怜惜自己，我丰富的想象力能把现实浮夸一倍。我情愿对死亡的设想也这样，无须大动干戈，小题大做，唯恐无法接受死亡的压力；无论干什么，我们也无法带来更多的便利。

在我们一次内战中，有一天我走出离自己家一里地的地方。虽然我的家距离阵地很近，但我自认为离家这么近，不会出意外，没必要全副武装，随意找了匹瘦马骑着，在回来的路上中，这匹马对突发事件不知所措，我也不能很好地驾驭它。我的贴身侍卫非常强壮，骑的马野性十足。侍卫要逞强，一马当先，直朝我飞奔而来，如同泰山压顶压向我的这匹小马，撞得马倒在地上，我被甩出十几米，仰面朝天，登时昏迷了，血流满面，腰带崩断，身子僵直，失去了知觉，如同朽木一般。

这是我此生仅有的一次昏死，周围的人千方百计要弄醒我，我毫无反应，都认为我死了，辛辛苦苦地抱着我回到了家。整整两个钟头，我被视为死人，好半天我才恢复知觉和喘气。由于我胃部存了不少血，他们扶我站立起来，我吐出的血足足有一罐子之多，一路之上反复多次。我也略微恢复了一点活着的迹象。而后在漫长的一段时光内，恍恍惚惚，我的直觉距离死亡比距离活命更近。

由于灵魂找不到回家的路，惊慌失色，飘来荡去。

——塔索

这个记忆铭心刻骨，让我好像触及了死亡的真相和明悟了死亡的实质，以后再遇不会感到突然。当我的目光望向死亡时，是那么恍惚、虚弱和昏暗，除了光什么都看不见。

眼睛时张时合。人半睡半醒。

——塔索

　　灵魂的感觉和肉体的感觉是相同的。我发现自己满身鲜血，因为口吐的鲜血沾满了大氅。我第一个想法是自己头脑中枪了；当时，我们周围的确有人放枪。我感觉我的生命完全驻留在嘴唇上；我紧闭双眼，似乎在用力将生命推出去，心甘情愿让生命走过去，这无非一种想象在灵魂中飘荡，和各部分躯体一样的虚弱，事实上不仅没有任何失落的感受，甚至还存在一种轻轻入睡的安逸。

　　我觉得人在濒死时刻逐渐衰弱，也是同样的状态，我还认为，我们素日怜惜他们浑身难受或者心灵焦躁不堪，是毫无道理的。这是我的一贯想法，不管别人怎样认为。我们经历有人突然晕倒，好像死去，有人常年卧病，有人突然偏瘫，有人老迈无力，

　　　　常有病人受不了病魔的袭击，如同五雷轰顶一
　　般，倒在我们面前；
　　　　他口吐白沫，四肢抽搐；
　　　　他胡言乱语，神志不清，骚动不安，
　　　　在全身战栗中衰亡。

　　　　　　　　　　　　　　　　　　——卢克莱修

　　有人头部被击中，发出呻吟，有时还长吁短叹，声音难听，让我们误认为声音、动作都是他们的身体反应；我则认为他们的灵魂与躯体都已神志不清。

他没死，可是他本人意识不到自己没死。

——奥维德

我难以置信身体受到如此大的震撼，知觉受到如此大的打击，灵魂还有感觉，我也难以置信他们还存在着理性，还有痛苦的感觉，所以我觉得他们没有什么好可怜的。

一个人的灵魂无比悲哀，苦于无处倾诉，我认为这是最难忍和最恐怖的；如同那些被割舌后押到刑场的犯人，缄默无语，再配上这张肃穆呆滞的脸，成了死亡最好的写照。如同这些可怜的囚犯，交给了歹毒的刽子手，受尽非刑拷打，屈服于敲诈勒索，而且身处囹圄，思想和苦难无处倾诉。

诗人却虚构了一些神灵，为了让那些逐渐死去的人表达出心中所想，

依照神的谕旨，我将这根神圣的头发带给冥王，
我使你脱离你的身体。

——维吉尔

有人在他们的耳边大呼小叫，号啕大哭。他们被迫发出一些急促微弱的回应，做出如同供认的举动，这些都证明不了他们活着，起码不是十足地活着。我们在沉睡前说梦话，感觉四周都如坠梦中，听到的响动也含混不清，飘忽不定，就像在灵魂的边缘踟蹰。另外，仅仅听到周围的人说出的末尾几句话，无论回答什么，大多也是扯淡，基本没什么意义。

现在我即便有了切身感受，可是确信当时的判断并不准确。第一点，昏死时我用指甲撕开了自己的贴身衬衣（甲胄已然凌乱），也没有疼痛的印象，因为身体的很多动作并不受大脑支配。

> 奄奄一息时，手指抽搐，握住了那把剑。
>
> ——维吉尔

往下摔倒的人在倒之前首先张开双臂，这全部是一种本能，证明四肢互相配合，有时它们的动作不受理智支配。

> 有种说法，四肢被挥舞的大刀突然砍断，
> 肢体掉落下来还在动，
> 损伤突如其来，人的灵魂与身体都来不及感到痛苦。
>
> ——卢克莱修

我的胃里充盈着淤血，双手不听使唤地来回抚摸胃部，就像在抓痒。有很多动物，甚至不少人，死后肌肉还在抽搐。每个人都有切身感受，身体有些部位时常不能克制地抽动，直立，落下。这些动作只流于表面，无法说是我们的动作；要让动作真真正正属于我们，我们必须全身心投入，我们睡着后手脚感受的痛不是我们的痛。

我受伤的消息早已传到了家，我还在路上，家里人都来迎我，遭遇这种事总是大喊大叫的。他们后来告诉我，我那时不

仅回复了几句家人的问话，看到妻子在崎岖的小路上跌跌撞撞，还想到让她骑马。似乎头脑清楚的人才有这些考虑，但是当时的我说不上是清醒的。这完全是下意识的。恍惚的想法，全是感官发出的，不是从内心发出的。我不清楚自己从哪儿来，到哪儿去，也无法思考别人的诉求。这是感官产生的细微反应，如同习惯动作；灵魂基本不起作用，如堕睡梦，只觉留下微微的、如涟漪一般的痕迹。

但是，我的情绪当时非常宁静。我没有为他人也没有为自己感到悲哀。这是一种疲乏，一种极端的柔弱，但是毫无痛苦。我看着自家的房子却不认识。亲人们扶我躺了下来，我觉得这次睡眠是最甜美的，因为我被折腾得难受，他们历尽艰辛用手臂抬着我走了回来，道路坑洼泥泞，中途倒了好几次手。

他们拿过来很多药，我都丢到一边，认为自己死定了。这样死去说真的是非常幸福的；理性的创伤让我对任何事都不置可否，而身体的虚弱让我对任何事都不知不觉。我任凭自己飘飘荡荡，那么轻盈淡然，认为这个动作无比轻柔。两三小时后，我又活了回来，恢复了体力，

终于我的知觉又恢复了生机。

——奥维德

我马上感觉到了受伤骨折的肢体痛不可支，连着好几天都那么难受，我似乎又死了一次，只是这回非常动荡，至今还对当时的辗转反侧感同身受。

在神志恢复之前，我要别人反复告诉我：我当天的经历，从哪儿到哪儿，是几点几刻发生的。至于我摔下马的原因，他们为了袒护那个肇事者，对我掩盖真相，编了一套谎言。可是次日，我的记忆逐渐恢复，回忆起了那匹烈马压过来的那一刻（因为我看到马紧贴在身后，认定自己已然死了，可是这个念头来得非常突兀，完全没有时间去害怕），我感觉像一道闪电，劈得我灵魂出窍，仿佛我来自另一个世界。

这件事不值一提，谈到它也说明不了问题，可是我从中能够找到我追求的体验。事实上，我认为要熟悉死，必须靠近死。像普林尼所说，每人都能从自身学到东西，只要留意观察就行。这里所说的不算我的观点，只算我的研究；这不是教育别人，而是教育自我。

我写了这一章，读者不会埋怨我。我从中获益的东西，也应该让别人获益。我未曾浪费东西，只是使用属于我的东西。我做的事如果愚蠢，也仅仅伤害自己，而不会妨碍别人。这是我内心的一点贪念，过去了也没有后果。我们了解两三位先贤也曾经走过这条路，可现在除了他们的姓名，对他们的经验一无所知，他们身后也没有追随者。巡捕飘忽莫测的思想，搜索暗夜无光的心灵边缘，伺机抓住细小闪动的知觉，真的是一项困难的、纷杂的体验，这也是一种全新的、非同寻常的娱乐，将我们从日常琐事，乃至紧要工作中引导过去。数年来，我只研究自己的思想，我只体验自己；哪怕研究别的，原因也为了印证自身。我认为这样做是正确的，好过那些不怎么经世致用的知识，我将所感所学毫不保留，哪怕我并不是很满意。阐述自我比阐述任何东西更艰难，也更有价值。一个人出门前必定照镜子捯饬一番。我持续地在阐述自己，也在持续地装饰自己。自夸与自吹自擂很接近，通常把描述自己视作陋习，向来不招人喜欢。

为孩子擦鼻涕，却拧了他的鼻子。怕出错，却犯了罪。

我觉得这剂药弊多利少。可是当众评论自己肯定被视为自大；我按照全面计划，将说出我内心的不健康的本质，也会说出我无论在习性上，还是在工作中存在的这种瑕疵。我的真实看法是，由于看到别人喝醉的丑态就去诘责酒，是毫无根据的。只有好东西才能让人如此不节制。我认为这条规矩只诘责大众无节制地醉酒。绳索是拿来捆牛的，那些侃侃而谈的圣人，还有哲人们，决不会拿来束缚自己。虽然我算不上是哪种人，我也不需要绳索。他们现在还没谈到自己，可时机成熟，他们会毫不顾忌地当众亮相。苏格拉底谈论哪个课题多过谈论自己？他教导学生谈论什么多过谈论他们自己？他们所探索的并非书本内容，而是他们心灵的本质和纷扰。

生活就是我的课题、我的艺术，谁不准我跟随直觉、阅历和习性来谈论生活，如同他命令一名建筑师不根据自己的理解，而根据邻居的理解，不根据他本人的学识，而根据别人的学识来谈论房子一样荒谬。假使谈论自己就是狂妄自满，西塞罗和霍尔坦西厄斯都坦陈对方的雄辩水平超过自己，又如何解释呢？

可能他们的意思是我要用作品和实践证明自己，而不靠空泛的言论，可是我的课题是我的思想，没有实质形状，无法实践，能够诉诸纸面已经很不容易了。一些先贤一生中也没有惊天动地的事业，而我的事业就是谈论命运，多过谈论我个人。它们验证了各自的功用，而非我自己的效果，有些话纯属偶然，仅是一个特例罢了。我当众将自己全部展现出来：这是一副骨架，所有血管、肌肉一目了然，所有器官各安其位。

我所描述的不是我的言谈举止，而是我及我的实质。我认为谈论自我要谨慎，拿出依据要仔细，不论褒贬态度要一视同仁。我若觉得自己和蔼、聪明或不错，我会高声说出来；故意不说，那是无知，而非谦逊。亚里士多德认为，看低自己是畏怯和小气。虚情假意变不成德操；真诚向来不是谬误。抬高自己，并不都出于自满，常常是因为无知。一味地自怨自艾，我认为，才是这种陋习的实质。

消灭自傲陋习的最好方法是反其道而行，就是非但不谈自己，而且干脆不要想到自己。自大是思想产生的，语言所起的效果不大。他们觉得孤单度日是孤芳自赏，孤芳自赏更是一种自傲。这话也许对，可是这仅仅是一些不了解自己的人，满足于臆想和闲散的人，狂妄自大和不切实际的人：总把自己当作高于自我的局外人，这种人才会产生自傲行为。

谁自高自大，瞧不起别人，可以回头看看过去的成百上千年，历史上成就高于他的英豪伟人不计其数，他就会惭愧无地的。他若对自己的勇敢无比自信，就让他翻看西庇阿的传记，还可以看看家国历史，他更是望尘莫及。没有哪一种美德能够让人意得志满，他必须随时审视自身还藏有太多瑕疵，最后千万不能忘掉生命的虚妄性。

　　只有苏格拉底曾经庄严地告诫大家——人要有自知之明。通过这样的探究，要意识到人要清醒看待自己，自我反省，所以他才无愧于圣贤的称号。他勇敢地自己剖释，做到了自知。

第十六章

论父子情——

致德·埃斯蒂萨克夫人

尊敬的夫人，若非遇上稀奇的事（事情也以稀为贵），我不会停下正在进行的事业[①]。因为这项事业如此稀奇，和通常的方法大相径庭，我乐在其中。

数年来，我陷入了孤寂低落的郁郁寡欢，这种情绪十分违背我的个性。首先我萌生了一种写作的渴望，但是苦于没有素材，于是我把自己当作写作的主题。这样一部书在文体上标新立异，线索上也别开生面。这部书可能由于新奇而备受瞩目；由于如此的主题散漫、细碎，最好的能工巧匠也不能让其融为一体。

所以，夫人，在开始说我自己以前，我必须表达我对您的敬意。我愿意开篇就这样做，因为在您的众多德行中，您的舐犊情深非常突出。您的丈夫德·埃斯蒂萨克先生英年早逝，您放弃了许多高门大族的提亲，矢志不渝，守身如玉，

———————

[①] 事业，此指其《随笔集》。

这么多年含辛茹苦养育孩子，至今仍不能松心。因为您的严谨和福泽，日子一切都好；知道您的事迹的人，都和我一样的想法，您是当今这个时代杰出的母亲楷模。

感谢上天，让夫人您的辛劳获得如此善报；由于您的爱子德·埃斯蒂萨克先生前程万里，可以确信当他成年之后，优秀的他会感恩和报答您的。可是，他现在还太小，无法全部体谅您对他春晖一般的关爱。我无法当面向他坦陈一切，他终会看到这篇文章，但愿他从文章中得到一份可靠的证明，也许他的内心能激发更大的波澜。法国没有谁能像他一样受益于母爱，他日后对您最好的报答，就是自身的善行和美德。

如果谈到最原始的自然规则，或说在动物和人身上普及且长远存在的某些天性（这点可能是有争辩的），照我的愚见，每个动物在保命和避险的天性之外，排在第三位的感情就应该是对后代的关爱。这似乎是大自然为了万物生息繁衍，对我们的托付。如此说来，子女对父辈的爱没有想象的那么深也就不奇怪了。

另外，还有一种看法是亚里士多德提出的，那就是真诚待人的人，付出的爱会比收获的爱更多；给别人好处的人总比受到好处的人爱得更深切；作品假如有思想，对作者的爱一定没有作者对作品的爱更多。特别是我们对自身都很珍视，自身是由行为和工作构成的，所以每个人或多或少都包含在自己的作品里。施恩的人进行了一件纯真美妙的工作，受赐的人只得到了好处，好处比不上纯真美妙。纯真是持久的，让人内心得到满足，而获得的好处很简单就消失了，也不见得留下长久或温馨的回忆。我们越是付出艰辛得到的东西，就越觉得珍贵；施恩要比受赐更难。

人与动物区别在于我们有理性，所以我们更容易摆脱天性规律的桎梏，可以用自由意识和判断能力去处理事情，我们应该适当向大自然做出妥协，可是不是任凭自己被天性所控制。我们要用理性控制天性。

我个人对那些不经理性而自然产生的思想，表示十分的疏离。有人抱着刚落生的婴童十分激动，而我对一个心智未开、身体未定型、不怎么可爱的小东西，很难萌生感情。随着我们对他们逐步熟悉，才会萌生一种真实的合适的感情；他们假如值得爱，天性和理性相互糅合，才会逐渐产生真正的父爱。他们假如不值得爱，即便父子天性，我们还是以理性为主。

通常情况下，事情是完全悖逆的。我们对婴孩的哭喊、玩闹和幼稚，比他们成人后安分守己的行动更有兴趣，好像我们爱孩子仅仅把他们作为娱乐，作为宠物，而非当成一个人。有些父亲在孩子幼年间花大量的钱添置玩具，可对孩子成人后的需求却不大方。再说重一点，当我们快要撒手尘寰之时，瞧着他们齐家创业、生活美满会出现一种嫉妒，让我们对孩子斤斤计较。他们紧随我们身后，似乎嫌弃我们挡路，我们会非常气愤。因为，说真的，他们的生存，会伤害我们的生存，这是无能为力的客观规律，倘若我们惧怕这一点，还是不要当父亲。

我觉得，当他们年富力强时，禁止他们插手我们的财产，分摊我们的事务，这是残忍和偏执的，既然教养孩子是为了他们活得更好，就不能让他们艰辛度日。

倘若有人告诉我，一位深明大义的贵族攥着自己的财富不松手，唯一的理由是由此换得儿孙的尊崇和对他的恳求；当他年老体衰之时，这是他保持家庭威信的唯一法宝（亚里士多德曾言，不仅是晚年，任何种类的无力，都让人悭吝）。这个问题确实存在，但同时也是一剂药，医治一种我们必须预防的病症。一个父亲仅仅由于孩子有求于他而爱他——这也算得上是爱的话——已经非常可怜了。

应该用自己的美好品德、乐观、慈祥和善行而博得尊崇。奇珍异宝化成了灰也有价值，高才大德者的遗骨也能受到我们的敬重。一个人一辈子光风霁月，风烛残年也不会成为真正的朽物，他仍然会得到尊崇，尤其得到儿孙尊崇，要求他们不忘恩情，只能用理性的教育，而不能用利益相劝诱，也不能用淫威相逼迫。

教导温顺的内心渴望荣耀和自由，我认为教育中的粗鲁及体罚是错误的。我觉得逼迫行为中有一种束缚的感觉。我认为用理性、严谨和谋略做不到的事，也不能诉诸武力。

我从小到大都处在这样的教育环境，我知道自己幼时仅受到两次轻轻地鞭打。我也这样对待自己的孩子。我的女儿莱奥诺已经六岁了，无论教导她还是责罚她，母亲都温言细语，苦口婆心。当她的过失让我失望时，通常有很多原因，不是我的教导方式的错，我确信我的方式是合理的。

我对男孩的教导要更细心，男孩天生好逞强，更豪爽；我喜爱他们灵活聪明，心胸开阔。我认为鞭笞起不了作用，无非让内心更加软弱或更加顽固。

一个衰朽卧床的父亲，已不能处理日常事务，死死控制着一大笔钱财，不论对自己，还是对亲人都是不好的。假如他深明大义，能做的就是脱掉衣服躺在床上：没必要脱到内衣，可以保留一件温暖的睡袍；其余所有身外之物，要自觉自愿地按照血缘及感情分发给应该得到的人。

他将大自然褫夺他继续享有的东西分发给孩子们，这是理所当然的，否则会引发歹心和妒忌。查理五世做得最受称赞的事，就是他领悟的这个道理：当披在身上的皇袍太重了，阻碍走路了，就要理性地自己脱下；当挪不动双腿了，干脆躺下来。当他治国力不从心了，他就将大政方针、威信和权柄移交给儿子。

> 假如你睿智理性，要顺应时代，卸下你那老马的辔头，
>
> 不要等到将来一脚踏空，倒卧不起，沦为笑料。
>
> ——贺拉斯

不趁早明智地抽身，不服老勉力维持，会让躯体和心灵都受到过度的损坏（内心和躯体是平等的，有时内心占到一半以上），这样的过错让古往今来太多伟人名誉扫地。我以前熟悉很多有名望的人物，他们年富力强时闻名遐迩，但是美名又飞快跌落。为了他们的荣耀，我很想劝他们一句，已不能建立丰功伟绩的年纪，真应该尽早归隐，乐享安逸。

　　我曾经和孩子进行了一次坦诚平和的对话，想培养他们对我赤诚直率的感情——天性纯良的人想做到是不困难的；当然我们这个世界到处都有凶残的猛兽，假如人蜕变成了那番模样，也只好像面对猛兽一样避之唯恐不及了。

　　还有一种风俗我很厌恶，就是禁止孩子称呼自己为父亲，代替的是另一种古怪的更为尊崇的称谓，似乎普通的称呼有损我们的威严。不准成年的孩子和父亲有密切的情感，要求父亲维持一种庄严肃穆、居高临下的作风，觉得这样能够威慑孩子们敬服，这也是错误的、荒唐的。这无异于一场荒谬的闹剧，在孩子看来父亲是讨嫌的、好笑的。对一个热血已经冰凉，还做出一副睥睨乖张的表情，就像田地里的稻草人，只会惹得容光焕发、朝气蓬勃的孩子们的耻笑。在我可以让人畏惧的年纪，我宁愿让人尊敬。

　　老年人有如此多的弊病，可同时又力不从心；他很可能被遗弃，他最好的福报就是子孙的温暖和爱护，趾高气扬、咄咄逼人再也不应该作为武器。

　　我认识一个人，他在年轻时飞扬跋扈。当他日渐老去，虽然尽可能地克制，可他还是打人、骂人，脾气非常暴戾；他无时无刻不在查看周围，极端机警，但这一切竟是一出骗局。他的家人合起来隐瞒他：即便他的钥匙片刻不离手，视作眼珠子，可别人仍然能随便拿走他的粮库、货仓甚至钱箱里的东西；他自觉勤俭，粗茶淡饭，可是他看不见的房间里大鱼大肉，沸反盈天，谈笑着他的暴戾和吝啬。大家都差人把风，随时提防他。假如哪个多事的仆人向他告密，只会招来他的怀疑。这也是老年人的常见瑕疵。他多少次当我面吹嘘他立下的各种家规，亲人对他如何恭顺，他看事情如何目光如炬。

仅仅他一个人被蒙在鼓里。

——泰伦提乌斯

他有过无与伦比的学识和才干，善于把握自己，却不可避免地回到了幼年。这个事情极具典型意义，我特意挑选出来说明问题。

他能否摆脱如此局面，这将有待研究，在他的跟前，大家都装出恭顺的样子，没有任何违逆，他的虚荣心得到莫大满足。大家畏惧他，一心哄着他。他开除了一名仆人，仆人打包离开，但仅仅离开了他的视线。他的腿脚不便，神志昏聩，不能察觉那名仆人仍旧在大宅听差。然后瞅准时机，从老家发来几封求告信，仆人诉个苦、认个错，一口答应今后卖力当差，这样就能求得他的宽恕。

老人要做什么事或寄封信，家人认为不合适的话就会扣压，然后虚构原因，或者说邮递错了，或者说音信全无。外来的信都是别人看过，认为他看看无所谓才交给他。有的信碰巧先到了他手中，他习惯让旁边人念给他听，别人就信口胡诌，即便信中的谴责也说成是求情。天长日久，他所看到的一切都是假的，提前摆设好的；为了不让他烦恼和操心，一切都合他的意。

我目睹太多家庭积年上演同类喜剧，方式有异，但效果雷同。

　　无妻无儿的老人受到这种蒙蔽，比较少见，但是也更残忍更无尊严。老加图说过，有多少随从就有多少仇敌。假如把当时的风俗对比今天，难不成在告诫我们妻子、孩子、仆从每个都是仇敌吗？还好，人老了，老眼昏花，不知痛痒，让人欺负了也没感觉，这也是一种福气。假如我们锱铢必较，在当今法官都可以买通，判决基本偏向年轻人，我们能得到什么便宜吗？

　　我即便没有目睹这类欺骗，至少我自认为是很容易上当的。别人总说朋友是很珍贵的，但和家庭关系完全不是一回事。我看到动物那种单纯的亲情，真是让人感动！

　　假如有人骗我，起码我不自欺欺人说自己是不上当的，也不耗尽心血去这么做。我只能凭借自身避免背叛，而非捕风捉影坐卧不宁，同时下定决心对其满不在乎。

　　当我听闻某人的遭遇，我并不关心他，而是将心比心想想自己的情况。他遭遇的一切都和我有关，是对我的一种劝告，也让我警醒。假如我们能够如此举一反三，推己及人，每天都在评论他人，其实也在评判我们自己。

　　有不少作家，莽撞地一往无前诋毁别人的工作，却想不到这同时是在摧残自己的工作，这些诋毁也能够被对手操纵反过来袭击自己。

　　已经去世的德·蒙吕克元帅有个爱子，单纯善良、积极向上，不幸死在马德拉岛。元帅丧子之后向我倾诉，他遗憾满腹，其中最刻骨噬心的，是他自认从未和儿子交心地谈一谈。他摆出一副严父的威厉，却永远失去了走近和探寻儿子心灵的机会，从未对儿子表达过深切的父爱和赞许。他说："我这可怜的孩子，眼中的我总是愁眉苦脸，神态轻蔑，向来觉得我既不爱他也不认可他的才干。我对他是这种不正常的感情，我还想让谁来察觉呢？他一旦了解了一定会既高兴又激动吧？而我却强抑自己的感情，却整天摆出这张假模假式的面孔。我永远丧失了跟他谈心、表达父爱的机会。他去世前对我也十分冷漠，他从我这里只能得到冷酷的态度，一定感觉我就是一名暴君。"

我认为他的懊悔是正常合理的。我出于自身经验，当一位朋友撒手而去时，我们最大的欣慰无过于我们曾经与他畅所欲言，和他们有过促膝谈心。

我对亲人推心置腹，愿意向他们诉说我的想法，及对他们及其所有人的认识。我总是迫不及待地倾诉心中所想，我不想让别人误会我。

在古代高卢的特异习俗中，有这样一条是禁止孩子面见父亲，也不准与父亲同时出现在人前，直等到能够端起武器上战场，此时父亲才能与他们亲密来往。

我认为人在去世前对遗产最恰当的布置就是留给家乡。法律比我们思虑得更周全，即便不合理，让法律承受，也好过让我们在慌乱中突然承受。财产终究不属于我们，民法也规定，我们过世后财产必须留给后辈。即便我们享有自由分配的自由，如果没有显而易见的重要原因，是不能褫夺一个人依照血缘和情理理应享受的继承权。肆无忌惮和随意处置，是不合情理，滥用权利。

世人太偏向男性继承家业，妄图让自己的姓氏万古流传，这是荒唐的想法。我们也喜欢胡乱预测孩子的未来，不论学识还是体育，当年在兄弟当中，乃至在全省孩子当中，我是最笨拙、最迟缓、最不显眼的一个，倘若由此将我排斥在圈子以外，无疑不公正。我们做出经常不负责任，也并不准确地预测并以此为凭，据此决定至关紧要的抉择，这是荒唐的举动。

柏拉图的法官和子民们有一段对话非常有意思，我记录下来：他们说："我们感到时日无多，为何不能将自己的东西遗赠给我们爱的人呢？在我们的病床前，在我们虚弱无助时，在我们的日常家务中，亲人带给过我们的帮助是不一样的，我们难道不能自己决定分给谁多，分给谁少吗？天啊，这是多么的不公平！"法官的回应如下："我的朋友，你们即将离世，按照神谕，你们很难认知自己，很难认知你们的财产。我是法官，认定你们不归属你们，你们的财物也不归属你们自己。你们及财物，无论原来还是将来，都归属于你们的家庭。还可以这样说，你们的家庭及财物是归属集体所有的。倘若曲意逢迎的人利用你们的体弱无力，或者利用你们的一时头脑发热，怂恿你们立下不公平的遗嘱，我要避免这种事发生，可是为了城邦的公共利益及你们的家庭利益，我将立法，让大家理所当然地认为个人的财产理应归属于集体。你们无声无息地、毫无遗憾地离开。剩下的交给我，我将不偏不倚，尽我所能从公共利益的角度考量，分配你们的遗产。"

说不出原因，我总认为女人任何方面都不应该驾驭男人，除非出自天生的母性感情，去责备那些乖张暴戾，又愿意听其责罚的人。但是这和我们谈论的老年妇女问题无关。显而易见由于这种顾虑，我们才非常愿意拟定和实施禁止女人继承王位的律条，但是这条法律没有任何人见过，世界上哪里也不像这里，不经理性判断而引用这条法律。

将继承权交由母亲决定，由她们挑选孩子，这风险很大。她们的抉择时常充满偏心，不可捉摸。因为妊娠期阴晴不定的不健康心态，经常重现于她们的心灵。经常能够见到这样的情况，她们对最胆小、最迟钝或者还没离怀抱的孩子格外偏心。因为她们缺乏充分的才智、公正的态度，她们任凭直觉和记忆的支配，如同动物，只能认出跪着吃奶的幼崽。

总的说来，经验充分说明，这种天然的感情没有牢固的基础，即便我们经常煞有介事。我们用微薄的一笔钱，就能让一个母亲整天抛下亲子，来抚养我们的孩子。不论她们的孩子遭遇任何不测，就是不准她们哺育亲子，还不准她们照顾亲子，要一门心思地养育我们的孩子。大多数时候，我们发现天长日久会萌生一种后天的感情，甚至比天生的感情更猛烈更操劳，要保护别人的孩子的心情甚至比保护自己的孩子还要强烈。在我家乡的农妇，在无法哺育自己的孩子时通常用羊奶替代。这些奶羊经过训练，一旦婴儿啼哭时，认识他们的声音，马上跑过来喂奶。如果换成另外的婴儿，它们就不肯，婴儿换了一头奶羊也不肯吃。跟我们一样，野兽先天的感情也会减退，让位于后天培养的感情。

希罗多德曾经提到，利比亚一个地方男女混居，孩子到了能走路的年纪，靠着天性的引导，能够从人群中找出自己的父亲。我断定一定会时常出错。

孩子是我们养育的，我们疼爱他们，将他们叫作另一个本人。那么还有一样东西也出自我们，其重要性绝不次于子女，这就是我们内心的产物，是我们的聪明、胆魄和才能滋长的，比肉体生育的更加崇高，更无疑就是我们的孩子。这些产物耗费了我们更大的心血，假如有益，也带给我们更大的荣耀。因为我们子女的价值更多来自他们自身，而不出于我们，我们所起的效果是不值一提的。可是第二种孩子的全部美好、高雅和价值都出自我们，所以，它们比其余的全部更能象征我们，让我们兴奋。

柏拉图说，这是一些永存的孩子，让它们的父亲万古流芳，乃至被顶礼膜拜。

在罗马有一个叫拉别纽斯的人，孔武有力，精研文学，文武全才。他的父亲老拉别纽斯是凯撒的头名大将，后来转投大庞培，忠心不二，最后在西班牙被凯撒打败。我说的小拉别纽斯才高德昭，招致很多的嫉恨，当时皇帝的宠臣恨他恨得咬牙切齿，因为他正直坦率，还秉承父志，抨击专制政体，这都反映在他的文章中。他的政敌将他告上法庭，胜诉后将他的众多文章著述投入火堆，焚书之刑的始作俑者就是这些人，后来又出现数起判书籍死刑的做法。我们缺乏其他办法和举动来发泄残忍的心态时，就动手毁掉这些欠缺情绪的东西，比方说名誉和智慧产物，就对艺术和著作斩草除根。

但是拉别纽斯不堪忍受这种煎熬，无法在痛失爱子后忍辱偷生。他让人将自己抬进祖坟，活埋了自己。这是最好的示例来表达深沉的父爱。他的挚友卡西乌斯·西维勒斯能言善辩，看到无数著作付之一炬，大喊：根据这条判决也应该将他烧死，因为他牢牢记住了那些书的内容。

格伦蒂厄斯·科尔杜斯也有同样的遭遇，他被控在文章中赞同布鲁图和卡西乌斯。这个下流无耻、奴颜婢膝、荒唐透顶的议会判决将他的书籍付之一炬。他心甘情愿和书籍休戚与共，所以绝食自戕。

卢卡努晚年被昏君尼禄判处死刑。他让医生割断他的两臂上的血管，大部分的血已经流干，四肢渐渐失去知觉，马上要波及他的关键部位，他最后想起的是他写的有关法萨卢斯战争的一些诗句，所以背诵出来，死时嘴里还振振有词。这难道不是父亲给孩子的温暖的诀别？如同我们濒死时紧紧拥抱家人。这无疑也是一种天禀，在最后关口回忆起人生最密切不舍的东西。

伊壁鸠鲁临终前深受腹泻的煎熬，他欣慰的是他的学说流传于世，我们有这样的感受，他著述了大量题材丰富的文章，如同抚养了一大群富有教养的孩子。两者都让他得到了满足。假如他能够选择在死后留下一个冥顽不灵的孩子或是一部胡言乱语的坏文章，他一定选择第一种厄运而不会是第二种，我觉得不仅是他，任意一位贤人，都会如此选择的。

说回手上这本书，我所能给它的，都是绝不藏私、不图回报的奉献，如同别人奉献给子女一样。我给予这部书的微弱贡献，也不再由我控制。它可以了解很多我不再了解的事，它保存很多我没有保存的事，我如果有需要，也只能像外人一样向它借用。即便我比它睿智，可是它比我丰富。深爱诗歌的人，如果能当上《埃涅阿斯纪》^①的父亲，绝对比做罗马最出色少年的父亲还要兴奋和荣幸。因为根据亚里士多德和所有艺术家的想法，最迷恋个人作品的人是诗人。

①《埃涅阿斯纪》，维吉尔的诗篇。

第十七章

论读书

　　我相信我常提到的许多课题，如果交给专家，能够说得更出色。这一章完全是我凭直觉即兴写的，而非出于学识，如果读者认为纯属胡言乱语，我也不反驳。我的观点的受众不是别人，而是自己，而我也不一定对自己每个观点都合心。哪个人要是能从中有所得，那全凭运气。我不善于治学，这一章内容都是我的不经之谈，我并不盼着有人看完后能够增加见识，而只希望大家明白我：这些事物可能将来我会真懂得，也可能我以前见识过，可是当我幸运地接触它们的真实面目时，我已想不起来了。

　　我向来博览多读，可是看过记不住。

　　所以我不能担保什么，只能倾诉我这会儿是怎么认为的。不能寄希望于我谈的具体事物，而要掌握我谈的方法，才能真正有所得。

　　例如，看我的例证是否恰当，是否可以证明观念。由于我时而言不及义，时而思路混乱，不能准确表述心中所想时，我就印证了别人的话。我的引述不在于数量多，而在于准确性。这些引述大部分出自古圣先贤，不用专门注释大家也都了解。有时候为了将他们的道理和思想巧妙地和我的道理和思想相融合，故意省略他们的名字，为的是让那些动不动就跳脚的批评家少安毋躁。他们肆意攻讦别人的作品，尤其是尚在人世的青年作家，他们简直就是个笨人，四面树敌。我故意让他们出丑，误认为自己冷嘲热讽的对象是我，可却是普鲁塔克；辱骂我，可实际骂到了塞涅卡头上。我要将自己隐于这些大人物身后。

我盼望被人吹毛求疵，想说的是读者能用清楚的思维来寻找文中的精彩之处。由于我记性差，不能将每句话典出何处分门别类，但是我明白我的水平不高，明白在我的土地上开不出长在那里的奇花异草，自己果园的水果永远也没有那么香脆可口。

假如我辞不尽意，矫揉造作，自己没发现或是别人指出仍没感觉，我是有责任的。因为有些谬误常常自己看不出来，可是在别人指正后还没有感觉，这是判断出了问题。我们有时候有了学识、真理却不具备判断力，有时具备判断力却少了学问和真理。说得确切一点儿，自认无知，是证明自己具备判断力的最光明、最靠谱的证据之一。

我编排自己的观点也是全凭感觉，没有一定之规。跟随思路写出来。这些观点时而奔涌而出，时而细水长流。我宁愿能更自然点，哪怕略有凌乱。当时怎么想的也就怎么去写。所以这些事实必须正视，否则在评论时就会信马由缰和空洞无物。

我也想全面了解事物，可是代价太大了。我想轻松地而非辛苦地度过未来的岁月。我不愿意为任何东西费尽心血，哪怕是治学，哪怕治学得无比光荣。我徜徉书籍也为的是游戏人生，如果搞学术，我寻找的也无非是怎样审视自己，怎样寻欢作乐，怎样视死如归的学问：

> 这才是我这匹跋涉的老马真正奔向的目的地。
>
> ——普罗普蒂厄斯

阅读时遇到拦路虎，我也不会冥思苦想；经过一两次的思索，想不出来也就置之不理了。

倘若我不甘心，就会耗费精神和时间，由于我性格鲁莽，一遍想不出来，多想几遍反而越来越糊涂。我如果不兴致盎然，就一无所成，煞费苦心、废寝忘食反而让我更加糊涂而直接放弃。我的视线不清楚了，就一定要重新对焦，就像注视红布的色彩，视线一定在红布上面先停驻，然后转动眼珠，要眨好几次眼才看真切。

假如一本书不想看了，我马上换另一本，只是在穷极无聊之时再返回来继续看，我一般不看现代人的著作，我认为前人的著作更博大精深；我也不看希腊人的著作，因为我不能熟练掌握希腊文，不会有太深的理解，没有办法判断优劣。

在那些纯属打发时间的书籍中，我认为现代人薄伽丘的《十日谈》、拉伯雷的著作，以及让·塞贡的《吻》，值得细细品味。关于诸如《高卢的阿马迪斯》的一类作品，我即便孩提时代也不感兴趣。说句不该说的，我心态不再年轻，不会为亚里士多德或奥维德而震撼，我以前很迷恋奥维德通畅的描述和曲折的情节，可现在一点也不感兴趣。

我对任何事物，包括理解不了的和涉猎范畴以外的事物，没有顾忌地表达心中所想。当我表达观点，并不是指事物本身就这样，而是说我认为这样，我厌恶柏拉图的《阿克西奥切斯》，觉得这是他毫无光彩的一部作品，我也不觉得我的观点一定无误，以前的人对这部作品倍加尊崇，我也不愿唐突先贤的论点，人云亦云更能问心无愧。我只能批判、驳斥自己的观点，可是浮于表面，找不到关键，也许找不到准确的角度。只要不是条理不清也就无所谓了，找到了自己的缺点也坦率承认。对观点以及呈现出的现象，想到了就适当地解释，可是这些现象是模糊的和欠缺的。伊索的多数寓言隐含着多层内涵和见解，断定寓言仅隐含一种内涵的人，总是挑选出最符合的一条；可是在大多数状况下，这仅是最肤浅的理解，还有更有趣、更重要和更潜在的含义，他们放弃继续深入，而我就是做这个工作的。

顺着我的思路继续说，我一向认为在诗歌方面，维吉尔、卢克莱修、卡图鲁斯和贺拉斯超群绝伦。特别是维吉尔的《乔琪克》，尽善尽美，将《乔琪克》和《埃涅阿斯记》做一对比，就能看出维吉尔如果有充足的时间，可以将《埃涅阿斯记》某些章节更加细致地整理一下。我觉得《埃涅阿斯记》的第五卷是出类拔萃的。我对卢卡努的作品也非常喜爱，并不是文笔优美，而是本身的价值和一针见血的评论。我认为泰伦提乌斯最擅长描写心理和世情，他的拉丁文规范雅致，每当在日

常生活中出现他描述过的情境，就让我想到他。他的著作百读
不厌，每次都能发现新的感悟。

　　稍晚于维吉尔的人，发牢骚认为卢克莱修没有资格并肩媲
美维吉尔。我也认同不应该这样比较。可是当我阅读卢克莱修
最出色的片段时，不自觉地也这么认为。倘若他们对这样的相
提并论愤愤不平，那么当今不少人将他和亚里士多德做不成体
统的对比，更不知怎么反驳这些愚蠢的论点了，亚里士多德本
人又会怎么说呢？

　　　　唉！这是个是非不清、乐趣不彰的年代。

　　　　　　　　　　　　　　　　　　　——克塔勒斯

　　我觉得将普劳图斯和泰伦提乌斯（他极具贵族气质）相
提并论，比将卢克莱修与维吉尔相提并论，更让前人愤愤不
平。罗马雄辩术之父西塞罗经常张口不离泰伦提乌斯，说他无
与伦比，而罗马诗人贺拉斯也对其赞不绝口，这些对泰伦提乌
斯名震天下起到了促进作用。

　　在当今，那些喜剧作家（尤其意大利人擅长此道），剽窃
泰伦提乌斯或普劳图斯剧本的片段就另造一个剧本的能力，常
常让我大为惊异。他们将薄伽丘的五六个典故罗列在一部剧本
中。他们将如此丰富的情节放在一块，恰恰说明他们对自己
的剧本毫无信心；他们只能凭借情节来勉强支持，他们自己
绞尽脑汁，已找不出任何让人着迷的东西，哪怕让我们觉得
好玩。这和我认为的泰伦提乌斯截然相反，他的文章白璧无

瑕，让我们不纠结具体内容，我们从头到尾沉迷在他典雅生动
的语言中。

> 透彻明亮像一条清澈的河流。
>
> ——贺拉斯

我们整个内心都沉醉于语言的美，美到了让我们忘掉情节
的程度。顺着这条思路继续遐想：我体会到了古代大诗人绝
不装腔作势，非但不像西班牙人和彼特拉克信徒的那种虚伪
浮夸，也不像后来几百年诗歌中尖酸刻薄的言论俯拾皆是。
好的评论家都无可置疑古人这方面的能力。对卡图斯的清水
芙蓉、毫无雕琢的短诗爱不释手，远远超出喜欢马提稚尔的
冷峻诗句。出于同一个理由，马提稚尔评论自己："他毫不费
力；情节大于才华。"前一种作家坦然自若，也不虚张声势，
就写出了感人至深的著作，他们的笑料唾手可得，没必要硬
要抓痒。后一种作家则必须添油加醋，才华越少，就越依赖
情节。他们只能骑马，因为他们的双腿虚弱无力。如同舞会
上，造诣不高的教师，无法表达高贵的气质，就用夸张的跳
跃，活像船夫拉纤的怪异动作来吸引目光。对女人也是一样
的道理，有的舞蹈身子花枝乱颤，而有的雅致舞蹈只需莲步
轻移，落落大方，一如平时本色，前者的造诣要求远不如后
者。我也领略过杰出的演员只穿日常服饰，不改日常姿态，全
凭才华让我们沉浸在完美的艺术享受之中，而那些没有杰出造
诣的新手，只能涂了浓浓的油彩，穿着夸张的服装，装模作样

地扮丑，才能博人一笑。

　　我的这些观点，通过对比《埃涅阿斯记》和《愤怒的罗兰》，更能得到鲜明的验证。《埃涅阿斯记》一飞冲天，稳健沉着，飞向一个目的地。而《愤怒的罗兰》情节繁杂，由此及彼，延展开去，如同小鸟在林间一会儿飞翔，一会儿休憩，它的羽翼禁受不住长途，若不抽时间休息，将会筋疲力尽，气都喘不匀。

> 　　它只能时而飞行，时而休息。
>
> 　　　　　　　　　　　　　　　——维吉尔

　　在这种类型中，以上那些作家都是我喜欢的。

　　还有另一种类型，内容有兴味、有意义，阅读时能够陶冶情操，其中让我收获最多的是普鲁塔克（尤其是他来到法国之后）和塞涅卡的著作。他们两人都是这方面的佼佼者，合乎我的性情，他们书中的知识点都是小篇幅的谈论，如普鲁塔克的《短文集》和塞涅卡的《道德书简》，看完不需要太长时间（我也没有那么长的时间）。《道德书简》是塞涅卡最好的文章，也是最有收获的。不必郑重其事地看，随时看随时中断，因为各篇之间不连贯。这些作家有着相同的处世哲学；他们的经历也很类似，生活在同一个世纪，两人都当过罗马皇帝的老师，都出身国外和贵族家庭。他们的思想是哲学的精髓，写得大道至简，普鲁塔克一以贯之，冷静成熟。塞涅卡性格跳脱，大开大合，爱好颇多。塞涅卡老成持重，利用道德去克制胆小心态和恶习杂念；普鲁塔克似乎对这些弱点不以为意，不愿稍加防范。普鲁塔克皈依柏拉图的学说，平和，入世。塞涅卡更偏向斯多葛和伊壁鸠鲁的观点，与现实格格不入，我认为更适合个人修为，也更严苛。塞涅卡似乎更能忍受他那个时代的暴政，因为我确信他指摘谋杀凯撒的功劳，是被迫做的；普鲁塔克无拘无束。塞涅卡的作品嬉笑怒骂，辛辣讽刺；普鲁塔克的作品言必有中。塞涅卡让人血脉偾张，激动难抑，普鲁塔克让人赏心悦目，回味良久。前者给你开道，后者给你指路。

　　关于西塞罗，我有所助益的是那些道德哲学方面的文章。可是，莫怪我唐突（既然已经失礼，干脆无所顾忌了），我讨厌他的写作方式，一成不变，前言、定性、类比、训诂占据了他作品的绝大多数。真正的精髓都被通篇的老生常谈覆盖。如果读了一个钟头——对我来说已足够漫长——回头再想，一无所得。因为他还没真正说出精辟的观点，没有解决任何疑惑。我只想睿智通透，不想渊博雄辩，这些药方对我没有任何价值，我想让作家开篇先出论点，我厌倦了死亡和欲望的说教。我想让他们说出牢不可破的论据，教导我怎样应对难题。能够解决问题的不靠绝妙的修辞、出色的文采；我想让文章开宗明义，而西塞罗的文章迂回曲折，读不下去。这类作品适合授课、控诉和说教，好让我们能够打盹儿，一刻钟后醒过来还能听得连贯。面对法官、孩子和普通民众，才需要用这种方式。这些照我看来全是废话。我已经就说明做好了准备，完全没必要饭前开胃或添枝加叶，哪怕是生肉我都能吃。这些虚伪客套，反而起了反作用。

我觉得柏拉图的《对话录》繁复稠浊，然而让内容不彰；柏拉图这种圣贤，可以说更多的有意义的言论，不应该耗费时间写那些莫名其妙的、空洞乏味的连篇累牍，让我十分惋惜。我如此胆大包天，唐突圣贤，不知道是否能得到读者的见谅。我无法欣赏他的美文，也许出自我的蒙昧。

我通常想看的是主要谈学问的著作，而非拿学问作为装饰的著作。

我爱不释手的两部著作，还有类似于大普林尼的文章，都没有这些"请注意"的废话。这些书是给胸有成竹的人读的，即便有"请注意"，也是言必由衷，可以单独拿出来细讲。

我也喜欢西塞罗的《给阿提库斯的信札》，这本书不仅史料翔实，还记录了很多他的个人性格。因为，我对作家的心灵，向来非常好奇。通过阅读他们的文章、他们人生的经历，我们能够熟悉他们的功业，可是无法洞察其习性和品格。

我无数次扼腕叹息，布鲁图讨论美德的那本书竟然失传：因为从实践家身上学习理论是非常有趣的。但是说理与说理的人是两码事，我既爱好在普鲁塔克的作品里，也爱好在布鲁图的作品里体会布鲁图这个人。我想了解布鲁图阵前对战士的训话，更想知道他战前在营帐里与朋友的肺腑之言，我想了解他大庭广众的言论，更想知道他私下的谈论。

至于西塞罗，我认可别人的观点。他虽然博学多识，但心灵并不崇高，他是个好公民，生性和善，好诙谐。可是另一方面，他追求安逸，贪慕富贵；他敢于大庭广众公布诗稿，这让我无法容忍；作诗粗劣不堪也不是大的缺点，可是他一点儿也认识不到这些差诗大大玷污了他的名声。

我更爱读历史学家的著作，他们生动翔实，三思而行，通常来说，我想探询的人物，历史书中的形象相较其他作品，更栩栩如生，他们的个性、观点精描细画，各具特色。面对突发事件，心灵冲突丰富纷乱，钻研事件的原因比研究事件的经过更重要，偏向内心甚于外因的历史学家，我最感兴趣，这也是我认为普鲁塔克是最好的历史学家的原因。

我很叹息没有出现过十来个与第欧根尼·拉尔修相类似的作家，抑或他这种作家没被普遍接受和推崇。因为我对于这些古圣先贤的人生和生活比对他们的论点及思想更感兴趣。

钻研这些史料时，应该广泛阅读各类作品，古代的，现在的，文笔优美的，文笔较差的，都需要读，从中能够得到各种角度的分析。可是我认为最值得深入探讨的是凯撒，不仅仅从历史的角度，只对于他本身，也是一个最好的典范，包括萨卢斯特，无人出其右。

我细读凯撒时，相较阅读其他人的著作，有着更崇高的钦敬，时而动容于他的丰功伟业，时而起敬于纯真典雅的文笔。像西塞罗所说，不仅超出了其他所有历史学家，可能还包括西塞罗本人。凯撒对敌人的谈论非常诚挚；倘若有什么美中不足的，那是他美化掩饰自己的邪恶和妄图，及对自己本身的守口如瓶。我认为，他如果只做了显示在书本的那点事，他就无法做完那么多功业。我中意的历史学家，要么十分朴实，要么十分优秀。朴实的历史学家断不会加入个人的想法，只会细致地寻找资料，然后列举在一起，也不挑选，也不扬弃，一心一意，照单全收，任凭读者自己的判断，这种历史学家比如善良的让·傅华萨，他写作的心态自然诚恳，只要有人指正哪一条史料错了，他一定承认和虚心改正。他有时会把荒诞不经的飞短流长、捕风捉影也直接记录下来。这是最直白、不成系统的史料，每人都能够自己感悟，自己取舍。

一个出色的历史学家能够抓住关键，分辨真实的史料，体会当事人的身份和性格，分析当时的想法，并用当事人的口吻说出合适的话。他们摆出道理让我们认可他们的观点，可是为数不多的历史学家才有这种资格和威望。在这两类历史学家之外的人（数量占多数）只会捣乱。他们事无巨细臆造全部，议论没有规则，甚至要历史迎合自己的观点。由于自从评论有了偏向，后人论证史实时，不由自主地受到干扰。他们妄图挑选史实，常常掩盖更具说明性的某些话、某些事；私自篡改理解能力以外的事，以自己拉丁语或法语能力，表述不清的东西也尽数删掉。他们可以随便展现文采，可以随便抛出论断，可是他们也应该给我们保留一些没有删改的内容，让我们可以随着自己的思考自由议论。我的意思是他们应该将史实原封不动地记载下来。

特别最近几百年，通常是一些庸碌之人，会玩弄一些文字技巧就被挑选编纂历史，似乎从历史中需要学习的是如何写漂亮的文字！他们有自己的想法，既然他们因文字功底而被选中，所以将心思都花在文字上了。因此他们道听途说的街谈巷议，用几句标致的文字就能够编绘出一篇美文。

最好的历史书都出自那些亲自指挥、亲身经历，或者参与过相似事件的人。这样的历史书绝大部分是希腊人、罗马人写的。由于是由诸多经历者共同编著一个事件（现今也有很多这样有胆魄有才气的人），所以偶有失真也不会离谱，也许本身就是存疑的。让医生指挥打仗或让儿童讨论君王的谋略，又能学到什么呢？

如果想知道罗马人在这方面做得多么精益求精，可以用一个示例来说明：阿西尼厄斯·波利奥察觉到凯撒写的某些历史细节并不真实，原因是凯撒无法对自己军队的每项事务都面面俱到，片面相信了记录下来没有确认的报告，也许是因为他不在当场，副官代办的事没有跟他说清楚。

由此可知，探寻真相必须谨小慎微，打探一场战斗的真实情况，既不能单单依靠将领的一面之词，也不能仅仅采信战士的描述，只能采用庭审的方法，对比证人不同的证词，务求任何细枝末节都有证可依。实话实说，我们对个人的事都有知之不深的。让·博丁将这方面阐述得很清楚，我完全认可他的想法。

很多时候，我拿起一本书，觉得是本没看过的新书，可实际上我多年前就精读过，还到处写着注解和感受。为了避免记忆偏差和彻底忘记，最近我又按照原来的办法，在一部书最后（指的是仅看过一次的书）注上看完的日期和一些评述，起码能使我想起初次看时的基本认识和看法。我想在此转述一些注解。

以下是我十年前写在圭查尔迪尼的一本著作里的注解：作者是一位勤勉的历史学家；我认为，他在书中对当时历史的如实描述，是无人能比的，毕竟大多数情况下，他本人就是参与者。也没有迹象表明，他可能因仇怨、偏颇或妄自尊大而歪曲历史，他对当时叱咤风云的伟人，特别是那些栽培、器重他的人，做出的评述都是确凿的。他重点凸现的部分，也就是他的引申和评述，当中不乏精妙之处，只是他太过执迷此道了；又由于他知无不言，言无不尽，他就有点儿絮絮叨叨了。我还发现一点，他谈论了如此多人和事的初衷和企图，完全没有谈到品德和良知，就当这些都是虚妄的；谈及一切行为的原因，不管表达出的如何崇高，他都认为是出于私心和歹意。他谈论了无数的行动，竟然没有一次是出于理智，这是让我无法接受的。难以置信天底下的每个人都居心叵测，没有任何人洁身自爱。这难免让我疑心他自己是不是心术不端，并且以己度人。

我是这样注释菲利普·德·科明的一本书的：语言雅致畅达，稚趣十足；叙述淳朴自然，可以感觉到作家的无比真诚，说到自己崇尚自然，说到别人不偏激不艳羡，他的说理与劝解非常坦诚而又热烈，没有自高自傲，一本正经，能够看出作家出色的教养和见识。

我是这样注释杜·贝莱兄弟的《回忆录》的：拜读亲临者记录的耳闻目睹，非常愉快。可是也必须看到的是在他们身上，欠缺先贤如让·德·儒安维尔（圣路易王的随从）、艾因哈德（查理曼大帝的近臣）、近代菲利普·德·科明写作的率真和坦荡。很难称之为历史书，它更像是一篇弗朗索瓦一世驳斥查理五世皇帝的宣言，我并不质疑他们歪曲事实，可是常常无端地规避对事件的剖析，也回避了他们的主公面对的难言之隐。例如对德·蒙莫朗西和德·布里翁失去荣宠只字不说，对埃斯唐普夫人有意省略。秘闻不妨隐藏，可是家喻户晓的事，特别这些事牵涉面广，后果严重，守口如瓶是无法容忍的污点。总而言之，想要充分研究弗朗索瓦一世及其时代，应该找别的书参考。这本书的优点是对于亲历的战争有独特观点，还记录了当时一些君王非公共场合的谈论和逸事，朗杰领主纪尧姆·杜·贝莱主理的交流和协商，书里的这些事写得不错，文章也不落窠臼。

第十八章
论后悔

其他作家经常喜欢教导别人，我却喜欢描述别人，并且专门描述他们其中之一；这个人受到的教导极其失败，若是我有重塑他的机会，肯定能将他培养成截然不同的模样。但是现在已成定局。我描述的形象即便千变万化，却是真实的事实。地球无非是一个永恒飘摇在宇宙中的秋千，大千世界，万事万物均在持续地摇荡。大地、高加索高山的岩石、埃及的金字塔概莫能外。所有事物不仅仅由于整个地球的摇荡而摇荡，并且单独个体自身也在摇荡。所谓的恒定，仅仅是一种相对缓慢的晃动。我无法准确把握所描述的对象。他浑浑噩噩、步履蹒跚地前行，就像一个永远迷糊的醉鬼。我只能针对此时此刻我能看到的他。我不详述他的全部人生，我描述他的改变：不是从这个年岁到下一个年岁——抑或像常说的，从这七年到下个七年——的改变，而是指从今天到明天，从前一分钟到下一分钟的改变。务必将我描写的事密切结合时间，因为我随时随地就会变，不仅处境在改变，并且意图也在改变。这里记录了形形色色千变万化的事件，还有各种狐疑不决乃至截然不同想法的观点；也许是因为我已改变成了另一个我，也许是因为我处在不同的环境，变更不同的眼光捉拿我描述的客体。总的意思是，我极可能会驳斥我自己，但是，这是现实，就像德马德斯所言，我坚决不会违反真实，如果我的思想能够静止，我就停止探寻自我，而是总结自我了，但是我的思想一直处在学习和探索的阶段。

我在这里展现的是普普通通且欠缺辉煌的一生。这也不妨。道德哲学不仅适用于波澜壮阔、荣耀光彩的人生，也适用于普通大众、日常平淡的生活，每个人，无论平凡或伟大，均是整体人类境况的缩影。

作家们更倾向于向大众展现自我特殊的奇妙，我是首个向大众展现无所不有的自我整体的人；我作为米歇尔·蒙田，而绝非作为文学评论家、诗人，或法律研究家和大众谈心。假如读者埋怨我评论自我太多了，我还要埋怨他们居然不思索自己。

可是，一个自行其是的人，并不想借文章在大众中传播名声，也并不想以我的如此柔和的气质，在这个非常重视雕琢和工巧的世界上，塑造一种天然去雕饰、清新淳朴的效果。大家都会觉得，编著一部作品却不讲究修辞和技巧，简直就和砌造一道高墙而摒弃石头或其他材料没什么区别。音乐作品的构想离不开技巧的指引，我的著作的构想却是随心随性。在文学范畴内，至今像我一样对描述的客体认知和领悟如此透辟的人还没有出现，就此说来，我是世间最渊博的学者。另外，从未有任何作家对其写作的题材研究得这么透彻，对题材的每个部分阐述得这么细腻，也从未有人比我更精准、更完整地达到作者创造作品定下的预期。为了让作品臻于完美，我只需要给予诚实；而它确实是诚实的，诚实得真切而纯正。书中都是实话，虽然不见得是我想说的全部，却是我敢于说出的全部；而我日渐老去，敢说的也更多了，理由是，遵照习俗传统，人步入老年后就能够更自在地评头论足，更能肆无忌惮地评论自己了。这里不会出现我时常发觉的事，就是作者和他的作品大相径庭：一个谈吐儒雅的人怎么能写出如此愚昧的文字？或者如此微言大义的文章竟然出自一个沉默寡言者的笔下？他的言论非常平庸，但他的文章竟这般卓尔不群，莫非这才华是从哪里剽窃的，而不属于他自己？要知道，一个学识出众的人也不能懂得所有事，而一个才华出众的人能够每时每事显示自己的才华，哪怕在他并不懂的事情上。

我的文章和我本人非常贴切，格调相同。对别人，大家能够不谈作者本人而敬仰或谴责他的文章，对我却做不到：涉及我的书就是涉及我本人。谁想要评论我的文章而不熟悉它的作者，那他的损失要远远大于我的损失；谁明悟了我的书，也是对我本人最大的告慰。倘若大众认可，我使明智的人觉得我擅长运用知识——如若我真有知识，并认为我应该获得记忆力更多的帮忙，如此我的欣慰便远远超过我做的好事了。

我经常说自己极少会后悔，我的良心对自己也很满意，自然做不到天使或马那样问心无愧，却是作为人所能体会到的问心无愧，我将在这里阐述这句话；同时我还要加上另一段老生常谈（绝非由于客气，而是发自肺腑），即我谈论时自己也心中没有底，也在疑惑和探究，关于答案，我只寄希望于大家各自所悟。因此我不会教育人，我只是诉说。

邪恶，真正的邪恶一定会造成伤害，一定会受到大众舆论的谴责；邪恶是如此明显地面目可憎，因此有些人觉得邪恶主要出自愚昧无知的人，应该是说得通的，因为无法想象有人明知是邪恶的而不厌恶它。多数歹心能够分泌出毒汁，而且被自我分泌的毒汁反噬；而邪恶却在内心刻下懊悔的烙痕，这懊悔就像身体里的一块溃烂，持续地腐烂和淌血。理性能消弭其他的各种烦恼苦闷，但却萌发出懊悔，懊悔比任何烦恼苦闷更沉痛，由于它来自心灵，就像身体发烧时感到的冷和热相比天气传来的冷和热更难挨。我认可的邪恶（每个人都有自己判断是非善恶的圭臬）不仅仅是理智和天性所诘责的，还包含大众舆论公认的，因为即便舆论是缺乏根据和错误的，但只需得到律条和风俗的肯定，受舆论诘责的举止就组成了邪恶。

与此类似，任何一件善举都能让品德崇高的人由衷快乐。自然，我们做了善事，自己同样也会感受到一种妙不可言的快活，心安理得时会感受一种纯真的骄傲。罪恶而胆大包天的心灵或许能觉得毫无顾忌，可是那种泰然自乐、俯仰无愧的感受，它是无论如何领略不到的。自认为能够出污泥而不染，对世风日下能够不受其害，能欣慰地对自己说："即使扪心自问，审慎至心灵深处，也没有任何可以自责的往事，我从未带给别人苦难及损失，我没有复仇欲和怨怼心，从来没有触犯道德及法律，从来没有鼓动过变乱和动荡，从来没有说话不算数，并且，虽然现在人心不古，有人放任甚至唆使别人伤风败俗，可我从不谋夺不属于我的钱财，向来自立谋生，不论兵荒马乱还是太平盛世，我也从来没有占过任何人的便宜。"这绝对算是非同寻常的快乐，而这种纯真的快乐是对善举无比巨大的，也是独一无二最可靠的回报。

把其他人的称颂当作自己做善事的报酬，这种报酬既不稳妥又不确切。何况在当今这个世道，贪腐横行，蒙昧遍地，百姓的称颂甚至算是一种羞耻，你能信谁的话呢？谁能判断是非对错呢？愿上天垂怜，我不想每天看见那种大众所描写的善人。往日的邪恶如今竟成风尚。我的一些朋友时常直言不讳地指摘我、诘责我，他们有时出于主动，有时出于我的鼓动，我把这当作是朋友之间的义务；对一个素质很高的人而言，这种义务不论带来的是好处还是蕴含的深情，都远胜过其他的朋友帮助。我总是毕恭毕敬、心存感激地倾耳细听，当然现在回过头来细想，我也认为朋友的指责和赞许中有很多不正确，我要是完全遵照他们的指点，肯定会把事情弄得更糟。我们这种人，多数时间深居简出，很少出席公众场合，心灵深处要有一个模型，用这个模型来审视自己的所作所为，判断自己是做对了，还是做错了。我内心有一套法规，有自己的审判庭来对自己判决，我时常求它们帮忙，而很少向外人询问。固然，我也用外人的见解来约束自己的举动，可是我只按照我的模式来扬弃这些见解。你是否怯懦、残暴，是否正派、恭敬，只有你自己了解；别人看不穿你，他们仅仅靠似是而非的揣测来忖度你，他们看在眼里的是你的表面而绝非你的本心。所以，不能对他们的判断信以为真，要对自我的判断充满自信；"要充分调动你自己的判定能力"，"个人对是非善恶的认知是最重要的：抛弃这种认知，则一切必将倒塌"。

有人说，悔恨紧随着罪恶，这话应该对于牢牢占据我们内心，似乎已在那儿生根发芽的那种罪恶并不适用。我们能懊悔和改过由于一时头脑发热或猝不及防而犯下的罪恶，可是，那种日积月累、盘根错节，并且深深埋藏在死不悔改的人身上的罪恶是难以改变的。懊悔意味着推翻我们的最初想法，自己驳斥自己，叫我们四处碰壁，进退失据。有时候，懊悔竟然能让一个人否定自己往日的善行：

> 为什么小时候的思维和如今想的不一样？
> 为什么成年后便开始面目可憎？
>
> ——贺拉斯

连一个人的生活也坚持井井有条，这才是单纯美好的生活。每人都是个演员，在众目睽睽之下，在人生舞台上装扮成谦谦君子，可是在私底下，在心灵深处，在能够为所欲为，并且不会暴露的时候，仍然克己奉公、安分守法，这才是最完美的道德。在个人家庭和平素生活中能做到，也趋于完美了，毕竟在家里是不需要谨小慎微，不需要刻意造作的，平素的行动坐卧是没必要向什么人解释的。比亚斯就曾无比欣慰地描述自己的家庭："一家之长在人前会顾忌律法和舆论，但是我在社会上什么做派，在家里也同样什么做派。"尤利乌斯·德吕絮斯回答工匠的话让人陷入深思。工匠说，他若肯支付三千埃居，他们就能把他的住宅建设得密不透风，从外面什么也瞧不出来，他回答："我支付六千埃居，请把我的房子建造得无论谁不管从外面哪个角度，都可以把屋内看得一目了然。"一个人在外界极受推崇，让人钦佩，可他的妻儿和随从却瞧他很普通。能够得到自己随从钦敬的人并不多见。

史料说明：任何人也很难被家里人和周围人看成预言家。小事上也是这样。接下来我们可以从一个普通事例管中窥豹。在我的故乡加斯科尼，人们得知我的文章刊印出版都非常诧异。距离我的家越远，我的名声越大。在吉耶讷[①]，我掏钱才能请出版商刊印我的文章；在别的省份，出版商掏钱买我的书稿。有些人生前故意不显山露水，为的是身后可以名声大噪。我宁肯不要荣耀，我投身社会是为了获得快乐和教导，不在这个范畴的东西，我不屑一顾。

群众用崇敬的目光将一位挂职还乡的官员送回家门口，他没有了职位和官帽，他原先地位越高，现在就跌得越低，家中的全部都混乱不堪，一塌糊涂。即使有任何条理，也一定需要十分锐利、非比寻常的判断力才能在日常平淡的生活中捋清楚，况且条理本来就不是明亮清晰的东西。攻克一个要冲，带领一个团体，治理一个国家，自然威风凛凛。操持家务，教导孩子，日常开支，人情送往，是不受关注的寻常事，但是能在寻常事上做到公平安宁，持之以恒，言行一致，可是更加求之不易的。

---

① 吉耶讷（Guyenne），法国历史上曾经存在的一个行省，加斯科尼所在省。

所以不论社会舆论怎么说，我觉得隐居田园的人相比别人，担负着一样的甚至更加沉重的责任，亚里士多德认为，劳苦大众弘扬高尚的情操要比当高官的人更难，功绩也更大。我们总想着完成彪炳史册的功业，通常是由于权欲，而非出于良知。说实在的，得到荣耀的最好途径就是依靠良知，做那些为求功名利禄而进行的事业。所以我觉得，亚历山大大帝驰骋在他那光辉耀眼的舞台上体现出来的道德情操，不如苏格拉底在日常的鲜为人知的活动中表现的道德那样崇高。我可以想象苏格拉底若身处亚历山大大帝的位置上是什么样子的，可亚历山大大帝身处苏格拉底的地位上会是什么样子的，却很难想象。如果当面问亚历山大，你可以做什么，他会回答"降服世界"；如果问苏格拉底，你可以做什么，他会说"遵照人的天性状态，过人的生活"。而后者是真正的更具广泛价值、更合情合理、更深奥艰巨的学问。精神的价值不取决于地位高，而取决于行事正。

精神的崇高不体现在自视甚高，盛气凌人，而体现为有理有节，做事有分寸。有些人根据我们的本性、品德来评价我们，这种人对我们在公共事务中表现的才干并不在意，觉得那些仅仅如河床污泥淤积的河流也能溅起几朵水花一样；有些人以表象来品评人，由我们的外观判断我们的内在品质，他们仅仅能够看到我们及他们普遍存在的身体机能，可无法由此设想到我们有他们艳羡不已、梦寐以求的本事。我们不都觉得魔鬼一定长得丑陋可怖吗？不都认为帖木儿长得扫帚眉、朝天鼻，凶相毕露，而且只听名字就断定他身材魁梧吗？如果我能亲眼看见伊斯拉谟①，我想当然认为他对周围人也一定出言必是名言警语。依据一个手艺人的打扮和他妻子的举止来设想他的家居生活很简单，但是从一个高级法院院长威仪非凡的动作和才干来设想他的日常生活却非常困难，因为这些人好像无法从高高在上的位置走进日常的家长里短。

心灵充满罪恶的人一时受到某种周围的情感刺激也能做出善举。有时，心灵崇高的人一时受到某种外部环境的刺激也会做出恶行。所以应该在一个人处于平稳的情态下，或者将他回归日常家庭的情态下来评判他，或者起码在他趋于平静的情态下评价他。先天的性格偏向能通过教导和锻炼得到提高和巩固，却很难被扭转和消除。我早年目睹不少人挣脱与天性相矛盾的教化，朝着好的或坏的倾向变化。

> 当猛兽长年远离森林困于牢笼，
> 它们日渐温驯丧失原来的凶悍，
> 只需要一点血滴进它的血盆大口，
> 野性和凶残刹那间被唤醒，
> 沾到血腥，喉头发鼓，热血沸腾，
> 可怜驯兽师，大祸临头，瑟瑟发抖。
>
> ——卢卡努

---

① 伊斯拉谟（Erasmus, 1466—1536），文艺复兴时期尼德兰（今荷兰和比利时）著名的人文主义思想家和神学家，为北方文艺复兴的代表人物。

将天性斩草除根我们是办不到的，能做的仅仅是遮掩它、藏匿它。拉丁语不啻我的母语，我对它的掌握较法语更熟练。虽然四十年没用拉丁文交谈和拼写了，但在感情冲动到极点时（这种情境我平生仅碰到两三回，其中一次是父亲猝然仰面摔倒在我身上，并昏迷不醒），我下意识喊出的前几句话总是拉丁文；天性就是这样突如其来冲开习惯的束缚，夺门而出。这个示例能阐述很多问题。

那些企图用新的观念来审视现下社会习气的人，顶多能变革社会的外观弊端，但实质上的邪恶，他们即便没有让其扩伸和加剧，至少也让它纹丝未动。由于人们停滞于外观的、任意的变革，便通常忽视其他善举，而变革能起到事半功倍的效果，如此一来，人们就不再理会那些实质的、潜在的邪恶。请诉诸自己的体验，每个人——只要他谛视自身——都能觉察到身上有一种根深蒂固的、占据绝对优势的固有形式，这种固有形式无时无刻不在和后天教诲及与它相龃龉的感情做着斗争。说回我自己，我极少感觉自己受到纷乱的侵扰，我好像总是处在习以为常的状态，如同那些不常移动的笨重物件。哪怕我心神不定，也不会飘荡去太远。我的任性不会把我带去远方。我不会发出偏激和诡秘的言行，却会产生激烈而有益的思想发展。

真正该诘责的——并且是人类行为随处可见的——是人们的反躬自省也经常充斥着腐化和醒龊：洗心革面的思维让他们玷污和扭曲了，惩处的方法是不健康的、邪恶的，与行凶作恶没什么区别。有些人，也许出于与邪恶有天然的联系，也许由于邪恶已经习以为常，他们已不觉得它面目狰狞。还有一些人（包括本人在内）为自己的罪恶感到内疚，但从中获得的趣味往往弥补了带来的内疚感，所以他们忍受罪恶，而且不惜一定的代价沉迷其中，难以自拔。因此，那些为了一点儿微弱的快乐而身犯大罪的情况也许是能够理解的。就如同我们刚才所说的名利与真诚的关系。不仅像乘人之危谋取私利这类偶然做的、尚不足以称为罪恶的行为是这样，并且像花天酒地这种肯定算是罪恶的行为也是这样。因为好处非常丰厚，并且，有时是难以抵抗的。

　　有一天我在位于阿马尼亚克的一位亲戚的领地里偶遇一个农民，被人叫作"小偷"。他向我陈述了他的出身：他自小就讨饭为生，他觉得靠卖劳力赚钱不能摆脱穷困，所以想去当小偷。他的青年时代都是在偷盗中混过来的，仗着年轻力壮，一直安全无恙，他收割别人田地里的粮食和水果，但由于他偷盗的地方离家很远，偷的数量庞大，大家不会想到一个人一晚上能扛回那么多粮食，并且他有意分散地偷，平摊他带给别人的损失，使每个受害者的损失不至于很大。如今他日渐老去，算得上是农民里比较富裕的了，而全是靠着当年的鼠窃狗盗起家的，这一点，他公众场合并不讳言。为了寻得心理安慰，他宣称现在每天都会为被当年那些受害人的后代做善事，如果他还不完（在他的余生是无法还完的），就让他的子孙后代继续去还，依照他给受害者造成的损失大小进行赔付。他的说辞不论真假，都证明他认为偷盗是一种不好的行为，而且憎恨它（自然达不到憎恨穷困的程度），他的改悔方式直截了当，他的罪恶被对消和弥补后，他便不懊悔了。比不上那种将整个人混同理性和罪恶熔于一炉的坏习惯，也比不上那种经常骚扰和蒙蔽我们的内心，将我们——包含判断力和全部——突然刮进邪恶洪流的阵阵暴风。

我从来都是自行其是，维护一个完好的自我；我的行为没有一件是需要逃避理性的，我做的任何事差不多都能得到全身心的赞同，不存在内心的割裂和纷扰。我靠自己的是非标准决定是与非、美与恶。自我有判断能力，我就始终如此：一样的偏向，一样的路径，一样的力量。面对一些普及的问题的观点，我孩童时代就站稳到今天认为是对的立场上。

有些罪恶来势汹汹，我们暂且不谈。但另一些罪恶是经过多次心理斗争并且明知故犯的，也许是性格决定的，乃至已当成事业和谋生手段。这种罪恶在一个人的内心如此根深蒂固，无法想象没有得到他的理性和良知的称许和认同。所以他自己说的懊悔，着实让我们无法置信。毕达哥拉斯流派觉得："人走近神的雕像接受神谕时，便获得了一副崭新的灵魂。"我无法认同这种看法，除非它的含义是，人在接受神谕时，他的灵魂一定和他原有的不是一个，一定是全新的，是专门为这一预定场合而置备的，因为他固有的灵魂太不纯真，不适合这一圣洁的仪式。

针对所有观点，毕达哥拉斯流派都反对斯多葛主义的观念。后者要我们改悔我们在自身察觉的缺陷和陋习，但认为我们由此感觉懊悔和闷闷不乐也不应该。前者让我们认同，他们对自身的缺陷和陋习深深地自责和懊悔，可我们看不出一点他们洗心革面、重新做人的想法。但是不祛除病根，就不能说病好了，如果将懊悔与罪恶放在天平的两端，懊悔比罪恶要重。我认为伪装虔诚是最简单的——倘若不按神的谕示去更正自己的一言一行的话。虔诚的本质是深邃的、玄妙的，但表达却是简单的、夸大的。

关于我，我可能在总体上期盼自己是另一种模样，也许对自己整体不知足，而且盼望上苍将我彻底重造，消去我天生的柔弱。但是这种想法好像不算是后悔，而且，遗憾也不能算是后悔。我的行动有自己的标准，并且贴合我的声望和职务。我已用尽全力，而对力不从心的事也不会后悔和歉疚，我认为，天赋比我好、素质比我高的人不可胜数，但是我不会因此而让我的天赋和素质更优秀。就像我的躯干和心灵不会由于遐想他人的强壮而变得更强壮一样。假如遐想和盼望更崇高的行为，能够让自己生出对自我行为的懊悔，那么我们连最纯真的善行也应该后悔，因为我们知道比我们更杰出的人一定会做得更尽善尽美、更细致周到，而我们也想见贤思齐。当我凭借暮年的眼光审视我年少的行动，我认为它们都正派而规矩，我做了力所能及的事情。我能够骄傲地说，如果情况相同，我会持之以恒。这算不上是我的一个缺陷，这就是我行为的本质。我不懂得那种表面的、庸碌的、做作的懊悔是什么东西，我想象的懊悔一定要能够震撼我的躯体和内心，让我肝肠寸断，就像处于上天的注视下。

说到做买卖，因为操作不当，我丧失了很多良机。但是我的判断是准确的，是根据当时的境况而做出的，我做决定全是依据简明、稳健的准则。我觉得，我当时的判断是理性的，即使时过境迁，还面临同样的境遇，我还会做出同样的选择。我不管现在如何，而重视我面临它的时候如何。

所有的决断都离不开时间单独存在，境况和事物本身均在持续地运动和变化中。我生平中有数次惨重的、举足轻重的过失，并不是由于没有好点子，而是由于没有好时机。我们触及的事物都有诡秘难测的细节，特别是本性中那些藏形匿影的、不易觉察的、连本人都不甚了了的东西，它们在意料之外的境遇下猛地暴露、醒悟。假如我的理性与谨慎没有能够洞悉和预测那些诡秘的东西，我并不自责，毕竟它的能力局限在一定的范畴里，假如事情的结论证实是我的过错，而我排斥的对方是对的，那也无所谓，我不自怨自艾。我抱怨命运，而不斥责我的做法，这也不叫后悔。

福基翁① 曾为雅典人出谋划策，但被弃之不理，而事态的进程与他的预判矛盾。于是有人问他："看到了吧，福基翁，事态发展得如此顺风顺水，你开心吗？""我很开心，可我对于当时自己提出那样的观点，并不觉得后悔。"当我的亲友们来问我的意见，我向来坦率明言，并不会如绝大多数人一样，顾虑可能的意外，挂念事实可能跟我的观点截然相反，担忧朋友们抱怨我的直言，因此而踌躇：这对我无关痛痒。因为责备我是他们的错误，我却不应该袖手旁观，谢绝发表意见。

我倘若犯了错或遇了难，只会埋怨自己，不会抱怨他

---

① 福基翁（Phocion，公元前 402—公元前 318），古希腊雅典政治家和军事将领。

人。若不算礼貌性的礼让，不算我由于需要向别人探寻经过之外，我极少听取别人的建议。在一些需要自己下判断的时候，别人的建议仅供我参考，却无法让我改弦更张。我称颂地谦逊地聆听别人摆道理，但自从我有记忆以来，直到今天，我只相信我本人的道理。照我看来，别人的意见就像蚊蝇或尘埃在我眼前飘荡，只能使我头晕目眩，不知所措。我不很认可自己的建议，可我也不认可别人的建议。命运恩赐我应得的酬劳，我不接纳忠告，我也很少忠告别人。很少有人向我请教，按我建议执行的人更少，我想不出来我的意见扭转或更正过哪件大众公务或个人事宜。有些人情愿被他人的意志所驾驭，即便命运没有任何拴住他们的表示。鉴于我是个既爱惜职务，又看重宁静的人，我觉得这种状态更好；不征求我的意见，让我享受宁静，这是符合我的公告的，我曾广而告之要安顿自己的一切，很高兴对别人的事置之不理，并放弃挽救他人的责任。

当事情成为昨天，不论好坏，我不会后悔。因为，认为它们就该这样，我就没有了烦恼。过去的事已不受人为控制，你的意愿、设想丝毫不能让其变化；万事万物的发展秩序，从前和未来，都无法倒置。

并且，我厌恶岁月带给人的那种偶尔的后悔。有位先人曾说，他非常感激年龄的增长让他从七情六欲中得到解脱。我的观点与他迥然不同。我绝对不会感谢无能，即便它带给我好处。人到暮年，情欲逐渐平淡，一种完全的满足感控制了我们的内心。但是这和自觉毫无关系。暮年的郁郁寡欢与气喘吁吁使我们看上去怯弱和不健康。我们不能在身体逐渐衰败的同时，让判断能力也随之退化。当年，芳华正茂和快意欢畅没有阻碍我在欲望中发现邪恶的存在，现在，衰退和厌烦也没有阻碍我在邪恶里发现欲望的身影。如今我虽置身事外，用和当年身临其境一样的眼光看待欲望。当我拼命地、尽量地逃离它时，我察觉，相比年少轻狂的岁月，我今天的理性并没有更坚韧，而且，随着年龄徒增，它甚至还有衰退的迹象；现下，为了我的健康，理性不允许我花天酒地，就像过去一样，它为我的心灵健康着想，也不允许我那样做。我没有因理性已放弃角斗，就觉得它更勇猛，我受到的引诱非常软弱，用理性防御没必要，只要随便挥挥手就能驱散。如果让我用今天的理性去抵御当年的欲望，它很可能只有缴械投降了。我很少用它判定其他东西，除了判定它自身，它也没显示出来比过去更明智。所以，假如想修复它，也只能是一种不全面的修复。

靠得病谋求健康，这种治疗方法何其悲哀！不能靠厄运去挑起这项任务，而必须凭借我们完备的决断能力。我不会用攻击和损伤的方式去干任何事，我憎恶这种方式。这种方式只对那种鞭笞才能觉醒的人有用。我的理性在安定和谐的氛围下更得心应手，相比于剖析快乐，它剖析悲痛时更迷惑和无助。晴空万里，我能看得更清晰；心平气和，我的思想更清澈。健康比病痛更放松、更快乐，所以更有效地告诫我颐养身体。得病了，对安享健康的期盼，让我更用心地养病。如果我沦落到选择年老体衰，放弃朝气蓬勃的田地，那么我将羞愧难当；如果人们不想我年轻的样子，而只看到我现在的风烛残年，并凭这些来议论我，那么我会非常不平衡。照我看来，人最大的快乐是幸福地生活，而绝非昂蒂斯泰纳斯[①]所言，是幸福地去世。我向来厌恶把一个哲人的尾巴强加在一个已经终结的人的身上，也不打算让这丑陋的尾巴否决我人生最纯美、最健康，同时也最漫长的那段经历。我愿意展现在世人面前一个完整的我。假如有来世，我还要用今生的方式再活一次；我不抱怨过去，也不畏惧将来。我对自己没有失望，而且心口如一，我最该感谢命运的就是：我的躯体状态的每一段落都适逢其会：我走过了人生的发芽、绽放、成熟，即将面临人生的凋谢；非常好，因为这是自然而然的事情。我从容不迫地接受疾病，因为它们恰逢其时，因为它们让我欣慰地回想起消逝的、漫长的、无比快乐的生活。我的聪明程度在暮年和壮年时相差无几，但壮年时更有成就、更有生机，也更雅致、更生动、更纯美，而如今则有点陈腐、迟缓、阴晦。所以我也不会再对它做难以预测且艰难的变动。

　　我们的内心必须时时拂拭，我们的良知必须通过强化理智而不是消减情欲的方式做自发的提高。情欲本身既不萎靡，也不昏暗，不会由于我们看它的眼睛混沌而变化。我们歌颂制欲和操守，是因为这些道德自身的高洁；假如我由于罹患重病不得不制欲和保持操守，那不算真正的制欲和操守。假如我们对情欲毫不了解，也从来没有尝试过它的味道，感受过它的力量，体会过它的魔力，我们就不应该夸耀自己能够轻易打败情

[①] 昂蒂斯泰纳斯，古希腊犬儒派哲学家。

欲。而我熟悉它，所以我有资格说。但是我觉得迟暮之年，容易污染我们心灵的污点和缺陷比起壮年时更固执、更讨嫌。少年的我就这么觉得，如今，风烛残年，声名在外还这么觉得。我们经常将性格乖张、愤世嫉俗叫作英明。可实际上，我们并未消弭陋习，而是染上了另一种陋习，并且我的感受，是染上了更恶劣的陋习。除了愚昧、傲慢、唠叨、暴躁、孤僻、执迷、计较、吝啬这些污点外，我认为老年人身上还存在着年轻人不常见的更多的嫉妒、偏私和歹心。岁月在我们脸上留下皱纹，但在我们心灵上留下的皱纹更多；身体苍老基本不会没有酸腐之味。人的躯体和心灵是同时生长和枯朽的。

通过研究苏格拉底晚年的诚言和判决，我敢保证，他做得不好不是故意的，而是由于，年过七十的他，本来迅捷的思想不可避免地迟缓了，向来明智的脑筋不可避免地迷糊了。

现在，我在亲近的人身上，眼睁睁瞧着思想的惊人衰退！这是一种无法抗拒的病，它顺其自然地、潜移默化地进行着。必须海量地学习，万分地谨慎，才能消弭它带给我们的污点，或许延缓这些污点的恶化。我认为，即便我时时提防，它依旧咄咄逼来。我尽力维持着，但我不确定最后会被逼到哪步田地。不论结果怎样，只有人们了解我是在哪里被压垮的，我就知足了。